杏坛鸿影

幸福耕耘者

郭坤峰　著

东南大学出版社
SOUTHEAST UNIVERSITY PRESS
·南京·

图书在版编目(CIP)数据

杏坛鸿影：幸福耕耘者 / 郭坤峰著. — 南京：东南大学出版社，2018.7

ISBN 978-7-5641-7841-3

Ⅰ. ①杏… Ⅱ. ①郭… Ⅲ. ①中学语文课-教学研究-文集 Ⅳ. ①G633.302-53

中国版本图书馆 CIP 数据核字(2018)第 144882 号

杏坛鸿影：幸福耕耘者

著　　者	郭坤峰
责任编辑	陈　淑
编辑邮箱	535407650@qq.com
出版发行	东南大学出版社
出 版 人	江建中
社　　址	南京市四牌楼 2 号(邮编:210096)
网　　址	http://www.seupress.com
电子邮箱	press@seupress.com
印　　刷	江苏凤凰数码印务有限公司
开　　本	880mm×1 230mm　1/32
印　　张	8.25
字　　数	226 千字
版 印 次	2018 年 7 月第 1 版　2018 年 7 月第 1 次印刷
书　　号	ISBN 978-7-5641-7841-3
定　　价	49.00 元
经　　销	全国各地新华书店
发行热线	025-83790519　83791830

(本社图书若有印装质量问题，请直接与营销部联系，电话:025-83791830)

自序

面对着这个书稿，心头涌起的感情是复杂的。首先是忐忑。该书收集的文章，时间跨度很大，从刚任教职的青涩岁月，到已经步入中年的杏坛时光。有的是语文教学的浅薄认识，有的是与学生同步实践的下水作文，有的是鉴赏诗歌的个人感悟，有的是给个性学生的素描，有的是异域旅行的文化考察。文章并非一时，风格千差万别，水平参差不齐，有的甚为浅薄，拿出来恐怕会被视为个人的聒噪、文字的垃圾。但是这些文章毕竟是一段生命的记忆，某次耕耘的结果，抚摸着它不免生出敝帚自珍的感情。虽然大胆拿出来，但是还是十分忐忑的。

其次是惊讶。我1994年参加工作，将十六年的生命安放在了皖北一座小城的中学，然后于2011年8月调到广州工作，将近七年时光投入到这里的中学教育。在书间行走，在杏坛耕耘，写了不少教学的、文学的短文，就像撒播了很多微小的种粒，任其自然生长，从来没有去收获，现在收集整理一下，发现竟然有十几万字，我着实被吓了一跳，脑子里跳出两个词：积土成山，积水成渊。

最主要的感情是深深的幸福感。当我再次浏览那些文字，抚摸人生的记忆，我教过的那些孩子的鲜活面庞就浮现在我的脑海：矮小但坚强的申宝凤，清秀而才华横溢的石惠，调皮而灵动的徐胜和范吾阳，大气而沉稳的朱辉和张晓闻，还有像我一样成了教育工作者的戴艳、李坤山、赵硕、马晓燕等等。我的心中的幸福感汹涌而来，我将逝去的生命转化成了另一种形式存放，存放在学生们的记忆里，存放在这方块文字里，我是在存储幸福呢。

2016年12月份，我去上海开会，和在上海工作的学生们相聚，吴晓松建了一个群，把我拉了进去，我看到群名是“坤峰门下，桃李嫣然”，感到眼睛发热、内心充盈。2017年年底，已经隔绝音信十六年的岳申同学联系上我，我询问她怎么知道我的联系方式的，她说通过网络搜索。我们一起回忆过去的学校生活，重新走进已经被美化的旧日时光。也就是幸福感的强烈冲击，让我给这本书起了“杏坛鸿影——幸福耕耘者”的名字。

我的这些文字，就是一座桥梁，连接跨越过去和现在的时光；这些短短的篇什，就是一个U盘，储存了集体的幸福记忆。是那些幸福的感觉让我有了结集的胆量；是分享幸福的冲动，让我有了出版此书的愿望。

当然我的内心也激荡着感激之情。感谢有二十年深厚友谊的知己高凤歧老师的评价文章，感谢广州大学禤健聪教授给本书提出的中肯的建议。

又想起苏轼的诗：“人生到处知何似，应似飞鸿踏雪泥。泥上偶然留指爪，鸿飞那复计东西。”我就像杏坛中的一只飞过的鸿鸟，这些短文，就像飞鸿留下的淡淡的影子。

这是我的第一本书，水平所限，错误在所难免，就教于大方之家，敬请批评指正。

是为序。

郭坤峰
2018年2月27日于羊城

因为没有路，所以有人在路上

——写给大地上的行者

如果不是月轮在云中穿行，还真不会去想还有风，看那广寒宫里的桂花树都一动不动的。风，是如此的轻，如此的柔；轻得像一片羽毛，柔得像一团棉绒。难怪云慢慢的，月悄悄的。月悄悄地从每一道波纹的一边游向另一边，一抬手，一投足都小心翼翼的，生怕弄断了这幅洁净的素绸画。月亮刚刚游过一条波纹，又急不可待地跨过另一条。如此而已，不厌其烦！做广寒宫的主人，孤单单的一个，难道就不觉得凄苦吗？可她分明是在笑啊！看她皎洁如霜的面庞上，真的泛起了一片淡红。也许是害羞，明月躲到了素绸的后边；也许是好奇，没过一会儿，明月就又弹出半边粉脸庞。晴晴雨雨、缺缺圆圆的广寒宫人的心思，世间到底能有几许人真懂？又到底能有几许人真正静下喧嚣的心房去一点点品味？

佛说，有生有死是此岸，无生无死是彼岸。其实，站在彼岸看此岸，此岸岂不就是彼岸，彼岸又岂不就是此岸？此岸彼岸又有何分别？相应地，站在死间看生间，生间岂不是死间，死间又岂不是生间？生间死间又何谈有别？花生叶落，花枯叶荣，赏花时不见叶，睹叶时无视花，荣枯更迭，花叶又何来不同？此生无彼岸，来世哪可待？一花一世界，一草一天堂，一树一菩提，一叶一如来，一砂一极乐，一石一乾坤。天地大爱，众生平等，活好才是硬道理！

慧能说："菩提本无树，明镜亦非台。本来无一物，何处惹尘埃。"

讲究的是立地成佛、大彻大悟。神秀说:“菩提本是树,明镜亦有台,时时勤拂拭,勿使惹尘埃。”强调的是精诚所至、金石为开。天下虽以顿悟为正统,但渐宗也始终不失枝叶繁茂。芸芸众生,茫茫人海,吾辈愚钝,若要一瞬间大彻大悟,无疑是痴心妄想。

佛教总是宣扬,须弥参正道,方寸悟天开。须弥之处固然能参得正道,但若只有经历而无境界,又怎么能够参透?方寸固然能悟到天开,但天下之大,能置天下于方寸者,又有几人?所以,反不如置心明镜台,时时清扫,时时拂拭,时时参悟,来得实在。

释迦至大,如来独尊,所谓佛之大乘就是悟到无形方知有。可是《西游记》里如来佛的二弟子金蝉子转世的唐三藏偏偏不理这一套,非要自己参悟不可,竟也是嬉笑怒骂皆自在。孙猴子更是超出三界外不在五行中,丝毫不把如来佛放在眼里。这猴子本就空里来,当然要空里去,万事皆空,那么,何悟之有呢?其实,玄奘和孙猴子师徒俩悟的是生命,是人生价值!虽曰小乘,实乃大教。明白一点说,如如来辈一样高高在上的佛道,岂能是唐僧和悟空师徒这些“市井游民”所能参悟净尽的?其实,佛教与其说是大智慧,反不如说是“二五眼”;看不穿的磕头烧香,看穿的走火入魔。作为信仰,只有以现实为参照,才不会陷入精神的旋涡。与其去参悟故弄玄虚的大乘,反不如深刻理解实实在在的小乘。哪怕是悟得“洒脱”二字,也比两手空空强上百倍!

这样看,唐僧喊孙猴子“悟空”,实在是很有深意的。这,或许就是《西游记》被称为“悟书”的原因吧。

回首再看那教学楼,霎时成了另一幅黑白绘就的水墨画,再不见往日的古板和威严。淡灰色的墙壁散发出蓝色的气息,纯白色的边框飘来书页沉郁的墨香。整齐的玻璃窗一格格、一行行地排列着,多像一张巨大的课程表!

既是如此,那就再聆听一次马丁·路德·金的振臂高呼:“如果你不能飞，那就跑；如果不能跑，那就走；如果不能走，那就爬；但无论你做什么，都必须保持前行的方向。”

因为没有路，所以有人在路上。

师者之为师者，所求所务自当是心路心理。

是为序。

高凤歧

2018 年 2 月 26 日于古阳城

目录

第一辑

生活是源　语文是流

生活是源，语文是流；生活是广袤无垠的海洋，语文就是连接大海的河流。践行“生活语文”的理念，把语文课堂营造为闪烁着天光、徘徊着云影的“美丽方塘”。

语文课堂教学是一株树，那么生活是它脚下的大地，树要枝繁叶茂，就必须深扎根，吸收丰富的营养。

引进生活之水　营建“半亩方塘”

朱熹《观书有感》云:“半亩方塘一鉴开,天光云影共徘徊。问渠那得清如许？为有源头活水来。”这半亩方塘可以用来比喻语文课堂,要想使这半亩方塘徘徊着天光云影,美丽异常,那就需要引进生活之水,并将语文课堂延伸到生活中去,精心营造语文的“半亩方塘”。

在每一届的第一节语文课,我都要将“生活语文”的思想传达给学生。从词语、语境、阅读、写作四个方面,用生动的例子阐释语文和生活的关系。

于是,我向学生这样介绍自己:姓郭,孟浩然的诗有“绿树村边合,青山郭外斜”句子,其中的“郭”是外城的意思,可以推想郭姓的祖先,居住外城,以耕种为业,家庭贫苦,属贫下中农,成分不错。这是郭姓来源的一种说法。

郭姓并非大姓,比不上赵钱孙李,但大姓有大姓的弊端,小姓有小姓的好处。据说蒙古人入关,为了防备汉族大姓联合起来反抗,就大肆杀戮大姓。蒙古士兵见到汉人第一句话就是:“姓什么?”答:“姓钱。”只听“喀嚓”一声,此人的脑袋落地。如答姓郭,蒙古士兵就会说:“走吧,走吧,赶快去找你快乐的家!”

叫坤峰,坤,八卦之一,象征“地”,坤又可以作为女性或女方的代称,有不少女孩子的名字中就有“坤”这个字。但你不能因此就认为,这位老师一定是一位身姿苗条、体格风流、秀发飘飘的女子。因为有“峰”字在后面,所以不会有这样的误解。坤峰其实就是土峰,我的父亲只希望我成为土峰就行了。这名字中寄托父辈的希望,当然要好好地用一辈子。

于是在第一节语文课上，我把自己的文章《凤凰赋》送给学生：

古有神鸟，名曰凤凰；其象也，鸡头燕颔，蛇颈龟背，鱼尾五彩；其德也，曰博曰雅，曰和曰洁，曰义曰仁；其行也，游于万仞之上，翔于四海之内；其居也，非梧桐不栖，非嫩竹不食，非晨露不饮；其鸣也，凤曰即即，凰曰足足，九天声闻。其羽孕火，绽放百卉，朝向太阳；其翼生风，朝宿南溟，暮至昆仑。

凤凰善识，栖无名之石，启卞和之慧，出荆山之玉；凤凰善舞，舞昆仑之巅，舞岐山之上，舞瑶池之畔；凤凰善翔，御风而行，呼朋引伴，游于八荒；凤凰善鸣，老凤浑厚，雏凤清扬，和奏宫商；凤凰能友，双飞双处，凤凰台上，群集群翔；凤凰能雅，规行距步，羽衣绚烂，仪态万方。凤凰能新，不拘于陈腐，不耽于幻想，敢于突破，勇于创新，集香木而自焚，伴火焰而新生。

今我广外，处南海之畔，临凤凰大道。园栽梧桐之树，泉引清冽之水，屋起岐山之高，书集芝兰之香。虽曰学府，实为丹山。我莘莘学子，具凤凰之质，养凤凰之德，育凤凰之才，炼凤凰之能，明凤凰之识，冀与朝阳齐飞，与涛声和鸣，必将游于四海之外，而翔于万仞之上。

赞曰：博哉凤凰，历览万方；雅哉凤凰，其步其翔；和哉凤凰，品扬其香；大哉凤凰，六德具备；壮哉凤凰，烈火为裳；美哉凤凰，绚烂气象！

于是，我精心构建自己的 QQ 空间，让每个学生都加为好友，在这个建立在现代技术基础上的空间里一起学习语文。

生活是源，语文是流；生活是广袤无垠的海洋，语文就是连接大海的河流；我会继续践行“生活语文”的理念，把自己的语文课堂营造为闪烁着天光、徘徊着云影的“美丽方塘”，让学生获得学习的乐趣，提升自己听说读写的能力，锻造学生的“中国灵魂”。

在语文教学中张开人文之翼

工具性和人文性是语文的基本特征，已成为广大教师的共识。工具性要求语文教学培养学生正确使用语文这种工具的能力，使学生通过主动的梳理、积累、实践，具有语言的建构和运用能力；人文性要求语文教学引导学生“关心人，关心文。关心人类命运，关心他人；关心人类文明，关心人类文化”，努力培养学生的人文精神和人文情怀。

在语文教学中，希望每一位老师都时刻不忘“工具性和人文性统一”，张开人文之翼，“工具和人文齐飞，大地和星空兼顾”。

在个人的语文教学实践中，我努力张开人文之翼，在培养学生的人文意识中，做了一些尝试，有了一点肤浅的认识，现在不揣浅薄，做个分享。

一、阅读和积淀

张开人文之翼，就要重视学生的阅读和积淀。

阅读是文化传承的重要手段，是精神成长和灵魂发育的重要途径，也是人文精神培养的重要方法，所以语文教学一定要培养学生阅读的兴趣，大量阅读和积淀，拓展学生的人文视野。

在教学实践中，我每周都要布置学生阅读和摘抄，根据不同的主题，摘抄 800 字，读书感受写 200 字，要做到图文并茂。也许一两次对于提升学生人文素养作用不大，但是长期坚持下来，一定会有作用的。

我还开设了自己的校本课——听听音乐，聊聊文学。以一种轻松的形式，进行阅读的分享。这个课程已经开设了两年，对于培养学生的阅读兴趣有一定的益处。到现在，已经开了十几个专题，如：听听音乐，聊聊《诗经》；听听音乐，聊聊“三国”；听听音乐，聊聊“红楼”；听听音乐，聊聊宋词；听听音乐，聊聊唐诗；等等。

二、创新和拓展

张开人文之翼，就要重视课堂的创新和拓展。

作为一个从教多年的老教师，如果课堂不创新，就肯定会产生审美疲劳和职业倦怠，语文课堂教学的效果也不会多好。新教师课堂要创新，老教师课堂也要创新，这是语文人文性的一个要求。

《荷塘月色》的教学我设计了一个问题：作者为什么想到江南？江南作为古诗词中一个重要的意象有什么内涵？《雨巷》的教学我设计了一个类似的问题：丁香姑娘是一个美人，美人作为一个意象，在古代诗文中有怎样的内涵呢？

这是在传统教法上的一个小小的创新，这个创新指向对文章人文内涵的进一步挖掘。在江南意象上，拓展的有白居易的《忆江南》，有余光中的《春天，遂想起》，有杜牧的《江南春》《寄扬州韩绰判官》，等等，从而使学生的思维触角延伸到我们的传统文化中，加深了学生对于课文的理解，从而发现了朱自清《荷塘月色》的三个世界：第一个世界是客观的现实世界，它有着残酷性和繁琐性，无法安驻一颗正直而善感的心。第二个世界是月下荷塘的世界，这是个亦实亦虚的世界，在这个世界里，人可以得到暂时的安静。这个世界是独特的，有着一种独特的美，这种美离开了特定的环境和心情，都无法构建。这个世界是有我之境，以我观物物皆着我之色彩。这个世界再也无法真实出现，因为作者特有的心境已经无法重现。现在的人们只能通过文字，对那方荷塘做精神的怀想。第三个世界是虚构的世界，是以江南为中心意象的理想美好的世界。它有美景，有浪漫的情事，可以让作者完全忘记第一个世界中的烦恼和痛苦。这是个无我之境，以物观物，不知何者为我，何者为物。三个世界的关系：第一世界是想逃离的世界，第二世界是连接客观和理想的虚化了的世界,第三世界是第一世界的反面,是第二世界的进一步虚化。

学习《报任安书》,我采用文体转换的形式,和学生一起尝试把《报任安书》改写成现代文体"微信",引导学生理解文意,体会司马迁忍辱负重著《史记》的精神,培养学生的语言表达能力和思考分析能力。最后和学生一起探讨司马迁受宫刑对他的思想和创作有怎样的影响,并拓展延伸让学生给汉朝的司马迁写一封微信。

这样的创新和拓展,使学生体会到了司马迁的精神,写出了具有精神内涵和人文素养的微信:子长君,您好! 您用独特的标准扫描古圣先贤,选择那些忧愁发愤的坚韧形象,用鲜明的对比去区别,用喷薄的排比去竖立,用火热的语言去赞颂。您要用这些鲜明的形象引导自己,引导自己走出痛苦的泥淖;您要用这些闪光的形象打磨灵魂,塑造未来视野中的自我。何谓史家之绝唱? 就是独一无二的,前无古人,后无来者。何谓无韵之离骚? 就是像离骚那样具有精神品位和思想含量。这就是《史记》,这就是您——司马迁。

三、尊重和转变

张开人文之翼,就要尊重学生学习的主体地位,就要将课堂变成学堂,将教师转换成"学者"。变成学堂,突出学生学习的主体地位,以学生的学为教学活动的主体;转换成"学者",表明教师身份不是一个完成式,而是一个进行式,并且表明教师追求的终极状态——一直在学习中。

在教学实践中,应该以学定教,就是根据学生的具体情况,包括学习能力、生活经验、学习期待、教学目标、学习主体等确定教学内容的选择和教学方案的设计。课堂也必须以学生的学为主体。在《我与地坛》的教学设计和教学实践中,我也是这样操作的。围绕题目"我与地坛"仅仅设计了三个问题:① 我:我是谁? 我有怎样的心态? ② 地坛:

地坛是什么？具有怎样的特点？③ 与:我和地坛是怎样的关系？

课堂上围绕这三个问题，让学生充分讨论和回答，教师也和大家一起学习讨论。学生的那些回答触动人心，闪烁着人文的光芒。

杨斯淇说:史铁生是一个窥心者，在地坛里窥视自己的内心，思考人生问题。

刘雅齐说:我属于地坛，是地坛生命的一部分，地坛也属于我，是我生命的一部分。

胡慧宜说:地坛是亘古不变而又万象更新，这启迪了作者。

祝文雨说:同样是腿部残疾，华罗庚很快走出阴影，成为了数学家，史铁生很久没有走出来，成了文学家。

李镇亮说:地坛是史铁生的灵魂栖息地，就像朱自清的荷塘和江南。

我说:向外观察发现世界，向内观察发现自我，每个人都要找到一个灵魂的禅修场，建构自己的精神天堂。

黎梦真说:禅修场这个词很形象也很震撼。我觉得史铁生已经脱离我们这些凡夫俗子了，他每天对着地坛思考，既向外从地坛获得启迪，又向内询问内心寻觅答案，让我想到了格了七天竹子无果后格自己终成大家的王阳明。史铁生最后应该也应是格物致知了，就是郭老师说的“顺应”。

这充满着生命体验和灵魂悸动、闪烁着人文光彩的课堂就是理解和尊重的结果，就是思想转变的结果。

四、体验和生成

张开人文之翼，就要重视学生的体验和生成。

学生生活的体验是十分鲜活的，如果能够在课堂上唤醒和复活学生的生活体验，将之和学习的内容链接，那么将会建构新的体系，在思维和精神上有新的提升，对于人文意识的培养大有裨益。

教师也要重视学生课堂的生成,不要为了追求课堂的完整性而轻易忽视学生的生成,因为生成的东西反映了学生的思维实际和知识水平,也是学生学习的障碍或者知识生长链接的部分。

在《阿房宫赋》的教学中,我没有采用以往的教师疏通的方法,而是重视让学生去体验,设计了四个具有表演性质的题目:假如你是阿房宫的总设计师,请你给大家介绍一下阿房宫;假如你是阿房宫中的宫女,请你介绍一下自己阿房宫中的生活;假如你是秦始皇,请你介绍一下阿房宫中的宝物以及你是怎样使用这些宝物的;假如你是杜牧,请你总结一下秦朝灭亡的原因。

在一定准备的基础上,学生们结合自己的生活体验,进行了非常精彩的表演,既紧扣文本,又有自己生活体验和感悟的融入,活跃了课堂气氛,取得了较好的教学效果。总设计师对于阿房宫的精心设计及自己心血被毁的痛苦,宫女的故国之思以及终身不见君王的孤独寂寞生活,秦始皇对于宝物的炫耀和任意挥霍、不可一世的态度,杜牧的深刻总结和提升,都给人留下了深刻的印象,闪烁着人文的光彩。

学习《迢迢牵牛星》,开始时我让学生谈自己仰望星空的经历,三位同学谈得很好。

黄子桐谈珠峰大本营仰望的经历。在五千多米的地方,呼吸着凛冽的空气,仰望星空,感觉星星很低,星光没有被污染,极其纯净,感到灵魂都被净化。蒋佩珊谈在船上仰望星空的经历。在一个水库,水面广袤,乘船划到中心,头顶是星空,水中也是星空,这是一个诗意盎然的境地。还有一个男生谈在草原上仰望星空的经历。然后,师生一起走近古人,看他们仰望星空的所思所想。牵牛的遥远,织女的皎洁,织布的声音,涕泣的特写,浅浅的天河,残酷的隔离。由物及人,由景及情。然后由天上回到地上,看古人的隐喻和映射。最后总结,触动人心灵的是头顶的星空和心中的道德律;本诗用头顶的星空映照出大地上人类的痛苦,隐含了对于现实的批判。

在作文教学中,也重视学生的体验和生成,让他们去关注人,关注生活。从“我青枝绿叶的季节”到“我是一个有故事的人”,从“精神的成人”到“长辈的爱情故事”都是这样。尤其是“长辈的爱情故事”这个题目,学生们写出了很多优秀的作文,题目是这样出的:爱情是永恒的文学主题,我们在文学作品中仰望爱情,也可以在长辈的人生故事中寻找爱情。他们的爱情故事也肯定不缺乏浪漫和真诚,也同样能让我们感动,让我们体味到生命的丰富和人生的况味。让我们和长辈交流,去深入了解他们的爱情故事,记录他们的爱情故事。请以“长辈的爱情故事”为话题写一篇不少于 800 字的记叙文,为他们的爱情故事立传。要求:题目自拟,立意自定,要求内容充实,语言精彩,写出人物的精神。

在学习了诗歌单元以后,我让他们结合自己的生命体验,写现代诗,个性表达。他们的诗歌比较稚嫩,但是有些诗歌闪烁着人文光彩,也让人耳目为之一新。

语文教学,就应该“化人以语,育人以文”,突出语文的特色和功能。教学内容不仅要有语言、文字、表达交流、语言建构等等,更要有文学、文化、审美思维、感受体验、思想道德等等,突出语文的化育特点和功能。张开人文之翼,不是一蹴而就,不能急功近利,需要“化育”。育,是一个过程;化,是一种浸润。它是春风风人,夏雨雨人;是随风潜入夜,润物细无声;是一笔山水,在宣纸上慢慢浮现。疾风骤雨、急功近利、急于求成等都与化育之道相违背。

在语文教学中,张开人文之翼,使美好的内在扎根在每一个学生的灵魂深处。

人文的北辰和科学的列车

科学的列车，一经发动，便以飞快的速度、强大的冲击力，呼啸着风雨，摇撼着大地，将西方带入了工业时代。

由于科学的带动，这个时代，呈现出不同于以往任何时代的特点。物质文明极度繁荣，虽然它不能掩盖繁荣下的蛆虫和陷阱。于是，科学受到格外的重视，中世纪宗教的迷雾和迷信的阻碍烟消云散，科学研究的投入快速增加，科学家的地位飞升，科学教育逐步普及。

科学教育历经科学知识的宣讲与传播的初级阶段，逐渐渗透入各门自然学科，并进入重视培养动手能力、创造能力的阶段，以使人们具有科学意识和技术素养，使人们能够运用科学和技术解决生活和工作中的问题。于是科学的列车的炉膛里加了大量的煤炭，速度进一步加快，以至整个社会的心跳早搏。

另一种迷雾，早在科学列车快速前进的时候就从天际暗暗滋生，所以，第一颗原子弹因为战争而在日本的非战场地区爆炸，爱因斯坦对自己最初的提议颇为后悔，居里夫人对铀的使用也不无担心，这些深受人文思想润泽的科学家联合起来，给各国政府发出倡议，希望科学的列车奔驰在和平的光芒之中，由人文星辰来指引方向。

当然，许多文学家也感觉到了这种迷雾的存在，他们尤其感觉到了表面十分繁荣的工业社会的冷漠，他们看到了不愿看到的现象：机器使人异化，对物质和纯技术的重视给人的精神带来了危机。卡夫卡在他的《变形记》中就表现了这种“异化”：格里高尔·萨姆沙一觉醒来，发现自己变成了甲虫，他的家人对他的态度由同情到憎恨，从憎恨到遗弃。这只甲虫最终在幽独痛苦中死去。贝克特在《等待戈多》中也表现了西方人的这种普遍存在的心理危机，而这种心理危机产生的根源就是对高度繁荣的资本主义社会的不满。

格里高尔的变形是生理的变形，而他的家人的变形是心理的变形。那么究竟是什么使人变成非人？是什么使西方人的心理出现危机？是工业社会的快节奏，是工业社会对物质的极度重视，对科学和技能的无休止的强调，对人的冷漠，对人文的忽视，对心灵的遗弃！

科学并不是罪魁祸首，因为科学是掌握在人类的手中的。西方的科学教育中出现过重科学技术、轻人文关怀的倾向。这种错误的倾向人们已然发现，那么在科学教育和技术教育刚起步不久的中国，我们是否可以绕过这块暗礁呢？我们是否可以给科学教育和技术教育以人文关怀呢？科学教育和技术教育能否不让社会科学走开呢？我们能否让人文的星辰升上人类的广阔星空，指引着科学列车的前行方向呢？

具体来说，就是在科学课和技术课的教学中能否重视科学思想和科学精神的确立？能否渗透人文的思想呢？

例如下面的一个科学教育和技术教育的题目：要把一批鸡蛋从甲地运到乙地，有陆路和水路两种方案，怎样将鸡蛋安全快速地运到乙地？

对于鸡蛋运输方案的设计，当然要强调其科学性、技术性，但我们是否可以这样陈述题干的要求：乙地发生水灾，一方有难，八方支援，甲地的人们捐献了一批鸡蛋，把鸡蛋运到乙地，可以走陆路和水路，陆路要经过高山与沙漠，水陆要跨经两大水系。怎样运输更合理，更便捷，请你设计出方案。

两种陈述的不同之处很明显，“一方有难，八方支援”的陈述，表明了一种人文的关怀。如果自然科学研究内容的指归，都是为人类造福，体现以人为本的精神，那么科学也许不会出现方向性的错误。

我校承担的教育部课题的子课题是“网络环境下科学素质与技术

素质培养模式之探讨”,这是一个含有许多未知和疑难的充满挑战的边缘课题。我想对它的研究也应该将人文思想纳入其中,使其不仅仅是纯科学与纯技术。

科学素质和技术素质的核心是科学精神和技术意识。科学和技术教育的最终目的是让人们拥有科学精神和技术意识,并能够用它们去解决生活和工作中的问题,这里面含有求真、向善的目的。拥有科学精神和技术意识并用它们去解决生活和工作中的实际问题的人,是科学家、设计师、艺术家、管理员、技术工程师等等。所以,网络环境下中学生科学素质与技术素质的培养离不开人文的指导。

充分利用网络技术和资源培养中学生科学素质与技术素质,人文星辰的指引更是不可缺少。网络是现实社会的电子化,里面的内容更是混杂着泥沙,隐藏着陷阱。如何去辨伪存真,如何去舍丑取美,如何远离庸俗等都应该是要认真考虑的问题。我觉得要给学生一双慧眼,让他们把这一切看得清清楚楚、明明白白。光靠纯科学与纯技术是不行的,我们要把人文的目光和精神教给他们,让他们受到全人类几千年积累的文化的指引,让这些文化去拥抱他们,净化他们。一旦有了人文北辰的指引,科学素质和技术素质的培养模式的思想基础就奠定了,那么任何形式的探讨就是有积极意义的了。

人文和科学的关系须要在此重申一次,人文是科学天宇的北辰,但是它绝对不能代替科学,科学是主体,人文是主导。为了能很好地说明问题,这里人为地将人文和科学分开,其实两者是融为一体的,人文难道不是科学吗?当然是,不折不扣的科学,但是它对生活的作用仿佛不如自然科学那样实际,但我们不能就这样把人文排斥到中学生的科学素质和技术素质的培养之外去。

我们希望看到,人文的北辰在万里昊天放射出万丈光芒,科学的列车在它的万丈光芒中平稳地前进!

语文课堂教学的现实生活背景

新课改的滚滚大潮，冲洗、荡涤着旧的语文课堂教学思想观念；曾经在历史的天空熠熠生辉的“以人为本”的星辰，冲破“唯实用主义”的重重阴云，又高悬于语文课堂教学的高远青天，放射出迷人的光彩。站在大潮涌动的江边，沐浴在星光之中，我不能不对语文和生活的关系重新加以审视和思考。

曾经有一段迷路的岁月，我们割断了语文的胎儿和生活的母体之间的脐带，还不辞繁琐地研究分析、观赏品味、修饰打扮这个其实并没有多少生气的胎儿。有识之士满怀赤诚、认真仔细地审视思考、辨析论证之后，提出“语文的外延等同于生活的外延”“语文即生活”的大语文教学的观念，重新连接起语文和生活的血脉联系。这曾经使语文课堂教学呈现出一派勃勃生机，展现出一片大好的风光。但是，将语文课堂教学绝对地等同于生活，就混淆了源和流、主和次、根本和枝叶；语文课堂教学也鲜花盛开，可是到了收获的季节却不见枝头累累的硕果，语文课堂教学依然没走出“用时多，效果差”的泥潭。

为了纠正语文课堂教学严重地摒弃生活的弊端，将语文和生活的关系夸大一些也无可厚非，因为有时“矫枉”就应该“过正”。不过，这样做的终极目的是使语文课堂教学走到正常的轨道上来，符合语文的教育教学规律，所以大语文教学的某些不太准确的提法也应该予以改正。廓清重重的迷雾，方见万里晴空。

我并不否认语文课堂教学和生活的血脉联系，我也曾是大语文教学思想的忠实的拥趸，就是因为对她的发自内心的爱，才使我想把她表述得更加准确，把她修饰打扮得更加美丽。

我的观点是:生活是语文课堂教学的历史或现实的背景。生活是语文的“源”,但在一节具体的语文课堂教学中,她不能成为也不适合成为教学的主体,教学的主体只能是与生活密切相连的一个文本或生活的某一个局部细节。大部分情况下她淡化为一个美丽悠远的背景,在她映衬下的语文课堂教学是那样的美丽动人。

我想起宋代朱熹朱老夫子的一首诗:“半亩方塘一鉴开,天光云影共徘徊。问渠那得清如许?为有源头活水来。”语文课堂教学就是那清澈美丽的“半亩方塘”,“源头活水”就是语文课堂教学的历史或现实的背景。语文课堂教学绝对不能没有“源头活水”,但语文课堂教学的主体是“半亩方塘”,而绝不是“源头活水”;这就是语文课堂教学的背景的含义。

生活为语文课堂送来了新鲜的活水,使语文课堂教学充满生机和活力。生活不是语文课堂教学的主体,也不是语文课堂教学的附庸,只能表述为她是语文课堂教学的背景,是语文课堂教学后方的依靠。语文课堂教学是一株树,那么生活是它脚下的大地,树要枝繁叶茂,就必须深扎根,吸收丰富的营养。教学的主体、审美的对象是“大树”,不是它脚下的大地,即使那大地的作用不可或缺、无法代替。生活是参照系,语文课堂教学是参照系中的审美主体。

明白了这个关系,在备课的时候,就能弄清主次,抓住关键。在生活的广阔背景下审视要具体进行的语文课堂教学,知道学生要什么,我将教给学生什么,这样的语文课堂教学我相信一定充实、具体、生动、有效。

那么,在语文课堂教学中,如何既突出中心和主体,又为学生提供或者说营造深远而广阔的历史或现实的生活背景呢?我结合自己的浅薄的教学经验,总结出以下几点:

1. 新课的导入,结合现实或者历史生活

为了突出新课这一主题,调动学生的学习兴趣是极其重要的。如果能结合生活导入新课，用导语衬托、突出授课及学习的主体，让学生在兴趣中，在生活的广阔背景下学习新课，那将会事半功倍。

例如，在学习贾祖璋的《南州六月荔枝丹》时我是这样导入的：初中就读过杜牧的诗，“长安回望绣成堆，山顶千门次第开。一骑红尘妃子笑，无人知是荔枝来”，但三十几的人了，还没有尝过荔枝的滋味。随着储存和运输手段的进步，界首也有荔枝卖了。于是，我就买了一些，回家仿效杨贵妃先冲个澡，然后仔细地品尝了几颗荔枝，觉得味道如坏红芋一般。但我又想了，光停留在知其味而不知其生理构造的水准上，也是一种缺憾，所以今天我和大家一起来学习贾祖璋的《南州六月荔枝丹》。

这样结合生活拟定导语，引起学生的学习兴趣，也为学生营造了一个学习的历史及生活的背景。当然这导语不能太长，限制在五分钟之内。尤其要注意不能因导语引起了学生的兴趣就顺着讲下去，忘了教学的主体。

2. 课文分析结合历史或者现实生活

这个方面最能体现语文课堂教学和生活之间的关系。例如，学习王安石《游褒禅山记》中的一段：“夫夷以近，则游者众；险以远，则至者少。而世之奇伟、瑰怪、非常之观，常在于险远，而人之所罕至焉，故非有志者不能至也。有志矣，不随以止也，然力不足者，亦不能至也。有志与力，而又不随以怠，至于幽暗昏惑而无物以相之，亦不能至也。然力足以至焉，于人为可讥，而在己为有悔；尽吾志也，而不能至者，可以无悔矣，其孰能讥之乎？此余之所得也！”

此段论述了在实现目标、达到目的的过程中志、力、物三者的关系。我就结合生活中的现象去分析：容易到达的风景点往往游人如织，而珠穆朗玛峰的顶端很少见到写着“某某到此一游”的字样。我还讲到老师、父母为同学们定了很高的目标，只要“尽吾志也”，即使“不能至”,也“可以无悔矣”,“其孰能讥之”?

这样分析,学生觉得有趣,对课文理解的也比较深入,取得了比较好的教学效果。

3. 作文教学结合现实生活

话题作文的教学有它自身的规律,我结合自己的教学经验总结出了话题作文写作的规律,写成了歌谣:

“话题作文要写好,仔细审题不可少;先看话题展思路,再由提示来引导;精骛八极纵神力,心游万仞深思考;提笔行文要注意,开头最好用整句;开门见山很重要,文中至少三点题(扣住话题);文章建构要仔细,题记加上小标题;引用诗句和名言,增加深度和内涵;文章段落力求小,语通句顺意明了;多用比喻等修辞,文采斐然语精妙;使用整句来煞尾,融情入景音袅袅。”

生活中歌谣很多,它们朗朗上口,易记易诵,用这种形式总结,已经联系了学生的生活背景,同时也突出了作文教学的主体。

在话题作文的课堂教学中,讲写作的规律是主体,但训练这些规律的使用是必须联系着历史或现实生活的。如“精骛八极纵神力,心游万仞深思考”,这强调了联想和想象的重要性。以“书包”话题写作时,我让学生分别以“书包的含义”和“书包的故事”为联想的基点,进行纵向和横向的联想,取得了良好的效果,写出了许多精彩的当堂作文。

写到最后,我的头脑中幻化出这样的图景:金色的阳光照下来,天很蓝,生活的黑色土地十分广袤,在这个背景上,语文课堂教学的大树枝叶繁茂、果实累累。

散文式语文课堂教学模式的思考和实践

当我们在如今纷繁复杂的语文教学思想方法模式中迷途时，孔老夫子两千多年前的一堂“示范课”(《子路、曾皙、冉有、公西华侍坐章》有记载)依然闪烁着动人的光辉。

我不知道孔老夫子有没有备课——备教材、备学生、备自己，我想他老人家很可能是没有刻意去备课，但那节课的确被子路、曾皙、冉有、公西华记住了，被无数后人记住了。

我看到新的《语文课程标准》中的一段话：“阅读教学是学生、教师、文本之间对话的过程。”这时，我头脑中呈现的第一幅画面就是孔老夫子面带微笑和学生对话的情形，温馨、亲切、开放、热烈、优美、精彩。这堂课是一篇形散神凝的散文。我不是复古主义者，但孔老夫子的这节课，应该能为新课改形势下语文课堂教学模式的探索提供一些有益的借鉴。

一、散文式的语文课堂教学，教材生活化

两千多年前的这堂“示范课”，孔老夫子好像没有备课，其实他在自己以前的读书、游历等活动中，早就做了准备。他没有使用前人的文章作文本，但他以自己的感悟为教材，这教材具有很鲜明的生活色彩。

新课改的一个重要的变化，就是教材的变化，新的教材无疑具有很鲜明的生活色彩和时代气息，但是这里面的内涵如何被挖掘出来，让学生体会并感悟到，这是必须思考的。

首先，教师要与文本对话，也就是备课。这种备课绝对不同于以

往的备课，教师要用心灵与文本对话，与作者交谈，要有自己真真切切的感受。其次，在教学过程中要创造有利的条件，让学生用心灵与文本对话，真正地自己经历阅读过程，有自己的感悟，哪怕是片面甚至错误的。再次，教师、学生、文本(作者)三者之间真诚地对话，教师和学生交流心灵的感悟，尤其是那些给自己带来启示或者让自己的灵魂悸动和喜悦的东西。最后，教师或者学生要总结，总结所得，巩固新知，不能让交流的喜悦、对话的热烈、思想的火花变成一阵风，转瞬即逝。

二、散文式的语文课堂教学，形式多样化

对话是语言的互动，交流是心灵的沟通，所以对语文课堂教学中的对话和交流条件的要求更高。

两千多年前孔老夫子的“示范课”，也给我们提供了这方面的借鉴。为了让学生们能各抒己见、畅所欲言，孔子说：“你们不要因为我的年龄比你们大一些就拘束而不言。”还说：“你们平日闲居时常说，‘人家不了解我啊！’如果人家了解你，你们怎么办呢？”这两句话十分关键，第一句，孔子放下了架子，把自己和学生放在同等的地位，为学生创造了良好、宽松的对话环境；第二句，孔子设置了一个情景，给学生规定了对话的方向。如果套用现在的教学术语说，那就是创设了教学环境，确定了教学目的。

从这里我们可以看出，语文课堂教学师生的对话、交流必须具备以下的条件：① 宽松的对话环境；② 平等的对话身份；③ 单一的交流话题；④ 明确的交流目标；⑤ 合适的交流语言。要符合以上五个条件，我认为必须要讲究形式的多样化。

孔老夫子的这节示范课，形式就非常好，没有刻意选择授课时间，不是正襟危坐、呆板木讷，如三五知己促膝谈心，如家庭成员拉拉家常。孔子也没有指名道姓谁来回答问题，学生却积极踊跃地发言。最让人感到不可思议的是，孔子竟然能够允许课堂上有人弹瑟，环境之

宽松到了让如今的教师不敢相信的地步。从这里我们可以看到,孔子的教学思想多么开放,教学形式多么灵活!

当今社会科技高度发达,我们在进行散文式的语文课堂教学时有更多、更好的形式可以选择:可以利用多媒体技术,可以利用网络资源,可以扩大对话、交流的范围。例如,我们在课堂教学中能不能采取央视《艺术人生》的那种模式?能不能借鉴“访谈”的形式?能不能化取“戏剧”的形式?能不能参考“网上调查”的形式?

形式是必要的,但形式终归要为内容服务。新课程改革没有定式,课堂教学的形式也多种多样,但为学生服务,让学生真正学到知识、具备能力是永远不变的宗旨。我们反对为了形式而形式,反对华而不实,反对本末倒置。

三、散文式的语文课堂教学,观点多元化

“阅读是学生个性化的行为”,新课标如是说。这告诉我们,过去使用的那种标准化和一元化的文本解读方法是不行的,是缺少个性化的。学习就是经历,知识就是经验,能力具有个性。所以在散文式的语文课堂教学,允许而且支持观点多元化。这一点是可以找到理论依据的。真正的理解是什么呢?西方学者认为是解读者由“前见”构成的现在世界,与理解对象(文本)所含的过去的或者传统的视界,在彼此相遇中相互开放,从而形成一种新的视界的过程。由于学生以前储备的知识和经验不同,形成的已知视界呈现出丰富多彩的结构,因此对同一篇课文的理解必然会表现为多样化的结果。“一千个读者心中有一千个哈姆雷特”,说的也就是这个道理。同样一部《红楼梦》,有的人当做“情史”去读,有的人当成“封建社会衰落史”去读,有的人当成“作者个人传记”去读……观点多元化,解读大不同。

新课标提倡“个性化的阅读”,是完全正确的。这与解读的时代、角度和个体有着密切的联系,一味追求标准答案与新课标精神是完全

相悖的。

孔老夫子的那节“示范课”，充分体现了散文式的语文课堂教学观点多元化的特点。孔老夫子让弟子子路等四人各言其志，为他们创造发言的宽松环境，然后充分听取他们的发言。子路愿治千乘之国的军事，冉求愿治小国的政治，公西华愿虚心学习祭祀之事，曾皙愿意归隐，孔子对他们的人生理想都予以肯定，并指出且修正了他们的不足。

观点多元化，答案是丰富多彩的，但不是说没有是非正误，真理永远是真理，谬误历千年而依然是谬误，因此在散文式的语文课堂教学中，教师应该宽容多元，纠正谬误，树立正确观念，指出方向。

四、散文式的语文课堂教学，交流多向化

对话不是独白，不是一言堂，对话是互动，对话是交流。以往的语文课堂是教师演独角戏，学生作观众。这不适合散文式的语文课堂教学，散文式的语文课堂教学要求师生交流，生生互动，在交流和互动中完成教学任务，达到教学目的。

对话可以分小组，也可以不分小组；对话中老师是穿针引线的人，就像孔子那样；对话可以突破时空的限制，我们可以和古人对话，也可以和外国人对话；对话可以是口口相授，也可以写成文章；对话可以利用网络，可以建立教师和学生的个人网页；对话要出彩，要有使人内心悸动的东西；对话之后，教师要总结、概括，但不能拔高；对话以课堂为中心，可以延伸到课外去……

另外，散文式的语文课堂教学，对话话题要单一化，多易乱，面面俱到反而面面不到；还有散文式的语文课堂教学，教师的语言要少而精，要有诗意。

“蚂蚁拄拐棍儿”中的语文因素

晨起照镜，看到头发凌乱如茅草，就用梳子梳理一下。这时忽然想起一句话：“蚂蚁拄拐棍也上不去。”这句话用来讽刺某些人的头发梳理得十分光滑、明亮，真可谓油光可鉴，含有非常明显的感情色彩。我又想到蚂蚁是不可能拄拐棍的，这与生活相悖，但这句话却有很好的表达效果。为什么呢？因为这里运用了拟人、夸张的手法，使违背生活常识的话有了表达上存在的合理性。

对这句话的思考使我又想起一首唐诗，它就是卢纶的《塞下曲》：“月黑雁飞高，单于夜遁逃。欲将轻骑逐，大雪满弓刀。”有人认为第一句不符合生活的常识，既然没有月亮怎么知道雁飞高？是的，从常识的角度讲，这种说法是不通的，但从语文的角度看，不但讲得通，而且有很好的效果。诗人写作时可以突破生活的樊篱，“精骛八极，心游万仞”“笼天地于形内，措万物于笔端”。的确，诗人看不到大雁，但他可以想象雁在云层之上无声地扇动翅膀，这很好地烘托了单于遁逃的环境，很妙。

这又让我联想到语文和生活的关系。两者息息相关，不可分割。生活是源，语文是流。语文应贴近并符合生活，以生活为扎根的大地；有时也可以突破生活的局限，去发展、创新。有了根基，才能生存；有了创新，才能进步。其实，古人早就注意到了这个关系，古人提出一个词叫“无理而妙”，就是说从生活的角度讲没有道理，但从文学的角度、表达的角度讲十分巧妙。举一个例子来说明。李商隐有首诗《蝉》：“本以高难饱，徒劳恨费声。五更疏欲断，一树碧无情。薄宦梗犹泛，故园芜已平。烦君最相警，我亦举家清。”第二联就具有咏物诗的无理而妙的特色。这两句的意思是:“蝉鸣唱到五更天亮时,已经稀疏得快要断绝了,可是树叶还是那样碧绿,并不为蝉的倾诉而感动、悲伤得憔悴,显得那样的冷酷无情。”蝉声与树叶的颜色没有什么联系,可是作者却埋怨树叶碧绿无情,无动于衷。这看似没有道理,但无理之处正流露出作者的真实情感,“疏欲断”既是写蝉,又是寄托身世遭遇。就蝉说,责怪树的无情是无理;就作者寄托身世遭遇来说,责怪有力者本可以依托荫蔽而却无情,是有道理的。咏物诗既以抒情为主,所以这种无理就成了有理了。

在文学作品中,这种“无理而妙”的情况更加普遍。古希腊著名悲剧家索福科勒斯的《俄狄浦斯王》中有“杀父娶母”的情节,这仿佛与生活相悖,但却有着心理的依据,而且将悲剧的内涵展现得如此到位、充分,在人心中留下如此强烈的震撼,这不是“无理而妙”吗?卡夫卡的《变形记》、马尔克斯的《百年孤独》更是“无理而妙”的典型,这无需做太多的诠释。

我们还可以举出很多的例子,从此我们可以看出语文来源生活,生活就是语文,要学好语文就请你投身到生活的海洋中去吧。

与语文对视

语文是一位白发苍苍的智者，语文是一位身姿苗条的姑娘，语文是一位生机勃发的少年，语文是一位慈爱的母亲。语文学习与教学的过程就是和语文目光相对、交流的过程。

开始，语文是巍巍高山，我是高山下的野花，我仰视高山，自惭形秽；而高山用博大慈祥的目光来容纳我、引导我。我感受到他的亲切，才敢正视。我从他那里得到砍柴的斧头、建屋的椽子、垒墙的砖块……我建立了物质的家园和精神的家园，我的肉体不会挨饿，我的精神不再漂泊。他是高山，同时他又是我的帆船，帮我度过空虚和无奈，把我渡到一片有芳草、鲜花、溪流、鸟语的绿地。我从这种对视中得到安全感、自信心，得到安慰与幸福。

后来，语文是潺潺的流水，我是岸边的青草，我主动将目光投向他。我从水中看到了铁马秋风的蓟北，也看到了杏花春雨的江南。其中有雨雪霏霏、杨柳依依，也有真情与梦想。我也能从中看到我自己，有时嘴歪眼斜腰弓，形态丑陋、猥琐；有时挺拔清秀，形态美好。有时语文的目光是清冷的，带着批评与责备；有时是热情的，带着肯定与鼓励。我在这样的目光中反省、思考、总结、进步，我在这样的目光中抽叶、开花、结果、成熟。

再后来，语文就是我的充满生气与梦想的挚友。我从他的目光中看到希望，得到奋发的力量，我不颓废与绝望，不寂寞和孤独，我的生命变得充实饱满。再后来，语文就是我周围的空气，没有他我无法呼吸。再后来，我觉得语文是态度，语文是性格，语文是风范，语文是一本耐看耐读的大书。认认真真、一丝不苟是语文；谦虚谨慎、有错必改是语文；力求创新、力争上游是语文；从容洒脱、宠辱不惊是语文；独立自守、坚持节操是语文……我想不仅语文教师应该具有这样的品格，每一个学生都应该具有这样的品格。

在与语文的对视中，我度过了九度春秋，我的心灵渐渐被净化，渐渐变坚强。但我觉得我并没有在语文的目光中看透他的内心，所以我会继续与语文对视，这是我无悔的选择，是我生命的依托。如果没有这种对视，我生命的大厦会倾斜甚至坍塌。在这种对视中，我的生命也许会得到很好的诠释，我生命的强大信号也许会被许多学生了解，那样的话我还奢求什么呢？从这点讲，语文也许是我的知己，但我必须先成为了解他的人。

和语文对视，与语文交心。

阅读是一扇通向世界的门

点一盏青灯，焚一炷清香，在书案旁静静地坐下来，展开黄卷，精神和文字相牵，心灵和天地相通。这是古人读书的典型画面，这体现了古人的认真和郑重、敬畏和虔诚。古人知道书籍的重要性，知道阅读是一扇通向世界的大门。

时光流转，朝代变迁，无论人事如何变化，书籍作为文化传承的重要载体的性质没有变，阅读作为精神成长、灵魂发育的重要手段没有变。

无论是竹简木牍，还是羊皮纸绢；无论是电子图书，还是真人书馆；无论是寒窗苦读，还是一目十行；无论是咬文嚼字，还是提要钩玄……只要你开启阅读之旅，一扇通向广阔世界的大门就缓缓打开。

你会体验铁马秋风蓟北的壮阔，也能体会杏花春雨江南的柔美；你可以和庄子一起垂钓濮水，也可以和霍去病一起驰骋大漠；你可以体会不可承受的生命之轻，也可以体验霍乱时期的爱情之沉重；你可以和霍金一起去黑洞中旅行，也可以和法布尔一起提着灯走在那不太平整的方砖……你的生命是有限的，但是阅读可以使你的生命变得无限，从而有更为凸显的丰富性。

阅读打开了一扇通向外部世界的门，更打开了一扇通往内部世界的门。阅读会使灵魂感动灵魂，能用生命启迪生命。你会在阅读中面对那么多的伟大而丰富的心灵，会度过那么多波澜壮阔的人生，在这里你尽管拓展生命的宽度，挖掘生命的深度。

但是书籍太多了，汗牛充栋已经不足以概括，只能用浩如烟海形容了，即使是这样，也不能表现当代书籍的浩繁。据专家统计，人类一天产生的信息量就可以让一个人读四十年,何况书籍呢?“吾生也有涯,而知也无涯”,你夜以继日,兀兀穷年,也只能了解它的冰山一角。所以我们必须选择,开卷有益,就是因为能够有针对性的开卷。要选择那些人类历史上的经典作品,选择那些经过时间的淘洗,依然闪烁着耀眼光华的书籍。

开卷有益还要注意开的方法,或者圈点批注,或者摘抄评点,或者观其大略,或者组织沙龙……

方法很好,但我们要行动起来。因为从全民的阅读量来说,中国人均阅读量达不到某些国家的十分之一,这个数据令我们汗颜。文化是民族的精神命脉和创造源泉,而文化的传承途径之一就是阅读。国家在提倡全民阅读,每一个公民都要积极行动起来。

让阅读成为一种生活方式,让我们的生命一路书香四溢。

生命课堂

灵堂、坟地，是最好的生命课堂，给你很多有关生命的知识，促进你生命的觉醒和成长。

——题记

夜幕低垂，矮矮的青砖瓦房，堂屋内停放着黑漆的棺材。姑姑们披麻戴孝，父亲跪在棺材前，棺材前点着一盏长明灯，在风中摇来摆去，哭声低沉，夜风清冷。太婆就躺在棺材里，遗容慈祥。那皱纹里记载着生命的历程，那白发上撒有岁月的风霜。在看了太婆最后一眼后，我被带到二姑家里，当天夜里我就睡在了那里。我其实很想回去，再看一看疼我爱我的太婆，陪她走完最后一程。但是，大人们不让，他们告诉我亡者是有灵魂的，灵魂对小孩子有妨害。虽然我坚信慈爱的太婆一定有慈爱的灵魂，但是我还是被禁止回去。

从那以后，几乎是每一年，太婆都会进入我的梦乡。小巷悠长，紫色的炊烟笼罩大地，从氤氲的烟雾中传来太婆呼唤我的声音——和平，回家啦！和平，回家了！

那是生命的课堂第一次开课，用一个慈爱灵魂的逝去，告诉我生命是有一个尽头的，就像《兰亭集序》中说的那样“修短随化，终期于尽”。这堂课一下子把我从童年的童话中拽了出来，把我的生命推进了少年。

那是 1988 年的初冬吗？我记不清了，但是野外寒风刺骨，大地一片萧条。挖开大地的一块皮肤，埋葬我的爷爷。很粗的麻绳把黑漆的棺材放下去，我的心也被放下去，我再也看不到爷爷清癯的面庞和花白的胡须。棺材放下去了，阴阳先生把一张竹子做的弓箭放在棺材盖上，箭头对准了西北，不知是什么寓意。然后一声“填土”，四周铁锹飞扬，爸爸和姑姑们号啕大哭，纸钱带着火苗在空中飘飞，纸灰像黑色的蝴蝶飞满我的视野，组成那个黑色的季节。

坟冢起来了，父亲扑在坟上痛哭，少年的我仿佛已经呆傻了，寒风冻透了我的身体，我整个是一块冰。仅仅两年，我们这个四世同堂的幸福之家走了两个人，每当过年的时候，别人家的大门上贴的是大红春联，我们家贴的是紫色的对联，写着：慎终须尽三年孝，思亲长存一片心。

福无双至，祸不单行，两年时间，把两个坚硬而真实的痛苦接连放在我的面前，让我用很长的时间去消化。坟地那个生命的课堂，以无比冷峻的态度告诉我，对于痛苦你没有选择的权利，只有接受，然后我要在每个夜晚用心灵的温度去化解那块坚冰，化成水，流进心田，去滋润生命中的岁月，串联无数生命的记忆。

那冰冷坟地，我不止一次经历。在一个冰雪初融的春天，在一方颇带寒意的水塘边，埋葬姑父；在高速公路旁，在已经收获的土地上，埋葬姥姥；在白桦林外，一片麦苗绿油油的高坡上，埋葬岳母。我的灵魂在痛苦的沉默中觉醒，萌发一些绿色的生机：“固知一死生为虚诞，齐彭殇为妄作”，生命是客观的存在，死亡也是，不能混同，不能齐一。用敏感的心灵之手去触摸它，感受它的鲜活；用珍爱的双臂去拥抱它，感受它的温度。

那年，你三十八岁，患了乳腺癌，已经安排好下午手术，你说你回家一趟拿点东西，结果一去就不再来医院。你听信了农村巫医的话——可以用其他方法治疗，但是你没有坚持多久，就撒手人寰。你的遗体躺在矮矮的瓦屋里，你的嘴角还带着一丝不甘。庭院里挂满了吊丧的帐幔，有我亲自写的一个：沉痛悼念小姨徐爱琴驾鹤西游。三个小老表没有哭泣，不知为什么，他们远远地看着母亲的遗体，对于已经没有了温度的母亲,他们有些害怕。小姨是美丽的,也是很智慧的,但是她无法算准自己生命的长度。她的生命启迪了我的生命,她的死亡唤醒我的感悟——死神从来不会在意你的预期,也不会遵从你的约定,他很任性,想来就来,来了就要把你带走。

《祭小姨母》:前尘影事隔黄泉,生死一别两茫然。深巷丝雨湿寒夜,北国梧桐冷碧天。身后空留三孺子,墓前能经几炷烟。明月一片沉大海,蓬舟何时归家山?

穿堂的寒风我不会忘记,同学们的哭泣我不会忘记,在火光中闪亮的诗句我不会忘记,那个漫长的寒夜,那个突然离去的生命——李长龙。就在离高考还有一百天的时候,你的心脏再也承受不住了,先天性的疾病夺去了你年轻的生命,你的时间就限定在那个停尸间和十六岁的年纪。王慧颖和王娟的哭泣我忘不了,王宇和戴琪的愤怒我忘不了,我更忘不了高三(17)班同学为你守灵的那一夜,2009 年那个漫长的寒夜。生命就是这样的脆弱,结果就是这样的不可理解。上帝给了你美丽的花朵,但在它刚刚盛开的时候就折下了它。“风翻墨浪走蛟龙”,这堂生命的教育课,17 班的每个同学都不会忘记。什么是失去,什么是珍惜,什么要舍弃,什么叫心痛,什么是无稽,等等。

这些生命里的场景,生命的课堂,以独特的形式将生命的真谛和深深的痛苦铭刻在我的心里,永远保存,反复放映,在清醒的白天,在酒醉的黑夜。

我知道,我还会经历这样的不得不去的课堂。它们会不止一次地告诉我:生命譬如朝露,就要加倍珍惜,珍惜这人世间的温情和美丽;生命有所局限,就要不停去突破,从而拥有一个真实而丰盈的自己。死亡是那么痛苦,但是因为它存在的客观性,我们才能对有限的时光那么珍惜,据说这就是“向死而生”的智慧。

我知道,这样的生命教育在继续,但我希望不再是自我的摸索和感悟,而是有目的的教育和引领。

在即将结束我的短文的时候,想起赵雷同学的留言,他说“产房”也是生命教育的课堂,我觉得很有道理,不由自主想起了我儿子出生时的情形。

那是 1997 年 11 月 7 日的上午,十一点四十五分,一缕阳光透过产房厚重的红色窗帘射在产床上,儿子出生了,我顿时感到了创造的伟大和作为一位父亲的责任。

这是儿子给予我的一种喜悦而有分量的生命教育。

于是写了一首《无题》:身后的天空蔚蓝而凝重/脆弱的双肩不得不挑起/一路的风景/变幻的风尘告诉我前程的/坎坷与漫长/漫天的风雪启示不屈的坚定/背一轮太阳于肩上/大漠里撒满不息的驼铃/仙人掌记载着风风雨雨/希望是我永恒的眼睛。

孔子的博雅

“高山仰止，景行行止，虽不能至，然心向往之。”这是司马迁在《史记・孔子世家》的最后写的几句话，表达了对孔子的由衷敬意。孔子是巍巍高山，仰望他而不见山顶，令人肃然起敬；孔子是一段传奇，有大路通行的地方，都传扬着他的美名。孔子是一位名师，连司马迁都想做他的学生；孔子是万世师表，激发起许多教育工作者的创业激情。孔子是一位民办教师，在那个动荡的时代，能够把教育做到这样的高度，真是很不容易。孔子成为名师的原因很多，我觉得“博雅”是一个重要的方面。

博雅包括“博”和“雅”两个方面，“博”是指博览、博学、博物；“雅”是指优雅、儒雅、文雅。孔子实行的就是一种博雅教育，所以学生的成才率很高，学生中的名人很多，所谓“弟子三千，贤人七十二”。

孔子博览，他博览群书，《诗》《书》《礼》《易》《春秋》，无所不精，即时已经老迈苍苍，依然苦读不辍，传下“韦编三绝”的故事，他博览不是走马观花，而是细读精读，我想他一定是做了批注的，记了笔记的，甚至根据合理的标准删减、重编。

孔子博览，他阅人无数，上至王侯将相，下至黎民百姓，可以说形形色色。这其中有炙手可热的季氏，有妖艳淫荡的南子，有性格直率的子路，有大权独揽的阳虎，等等，每个人都是一本书，孔子阅读了大量的“人之书”。孔子师从郯子、苌弘、老聃，尤其是他和老子的交往，在司马迁的《史记》中是浓墨重彩的一笔。师从名师，臂生双翼，这对于孔子的博览，大有裨益，孔子还“不耻下问”，曾拜七岁的项橐为师。另外，孔子周游列国，见过普通的百姓，耕耘的贤者，还有楚国的狂人，他把这些人当成一本本书来认真阅读,读出生命的味道。

博览的结果是博学和博物,所以孔子对于政治、礼仪、文学等等都十分精通,是一位博学的大师;孔子博物,多识山川草木虫鱼等等。有一个例子为证,南方会稽地方有人发现了一块很大的骨头,可以盛满一辆车子,不知是何物的骨头,拉到孔子面前,让孔子看,孔子马上就指出这是防风氏的骨头,并讲了一段故事:防风氏是巨人,帮大禹治水,治水结束后,大禹在会稽山论功行赏,防风氏迟到,被大禹诛杀,埋在了会稽山。还有一个例子能够证明孔子的博物,有人挖井,从土里挖出一个动物,奇形怪状,不知是什么东西,拿给孔子看,孔子说这是坟羊,并引经据典说明了坟羊的来历,众人十分佩服。

其实博览、博物、博学的核心是博学,博学是过程,博学也是结果。孔子从来没有停止过学习,真是人生也有涯,而知也无涯,即使以有涯投入无涯,孔子也没有懈怠过,没有停止过,所以孔子博学,雅正。

学习孔子,成为博雅的教师,实行博雅教育。

厕所文化

（一）

中国文化博大精深，许多东西都能与文化沾上边。偶然，想起“厕所文化”一词，觉得有点意思，就想探讨一下。许多人可能认为“厕所”奇臭无比，怎能与文化沾上边呢？其实，厕所这东西也含有文化因素哩。

中国人迷信，什么都有神来管着，如灶有灶神、土地有土地神，连五脏六腑也有神，有词为证——六神无主，当然厕所也有神管着。最初，我以为“厕神”，定是一个满身恶臭、面目峥嵘的男性，孰知查了些资料，才知厕神竟然是一位风华绝代、倾国倾城的女子。她名叫“紫姑”，也叫“子姑”“坑三姑娘”。南朝宋人刘敬叔《异苑》卷五说：“世有紫姑神，古来相传，云是人家妾，为大妇所妒，每以秽事相次役，正月十五感激而死。故世人以其日作其形，夜于厕间或猪栏边迎之。”一说，紫姑姓何名媚，字丽卿，山东莱阳人。唐武则天垂拱三年，寿阳刺史李景纳为妾，为大妇曹氏所妒，正月十五被杀于厕中，上帝怜悯，命为厕神。旧俗每于元宵在厕中祀之。宋代大文学家苏轼，还写了一篇文章叫《子姑神记》。

紫姑生而不幸，死而为神，也可以让人心中有一丝安慰。其实，并非上帝怜悯她，命为厕神，而是老百姓同情她，将其神化。这正反映了中国古代人民善良的心灵与圆满的心理，“厕神”的传说中隐藏着中国人的文化、心理，怎能说厕所与文化无关呢？

上厕所有许多文雅的说法，什么“出恭”“更衣”“净手”等。其中“出恭”还与科举考试有关呢。封建时代，科举考试要考好几天，这几天要在考场里吃睡，考场里没有厕所，那么排泄怎么办呢？当然不可以就地解决，也不能随便就跑出考场去方便，要想方便必须先申请，得到批准，还要拿着一面写有“出恭入敬”的牌子才能出去。手续虽然麻烦，但解决了考生的实际问题，又维护了考场的严肃性，倒也可以。可是如遇到“军情”紧急，恐怕没时间办手续了。这些词十分文雅，是否体现了中国人“含蓄”的特点呢？

上厕所的方式能表现个人的魅力与精神，如欧阳修提倡“三上”读书法，三上就是“马上、枕上、厕上”。“马上、枕上”是不太符合用眼的科学性的，但“厕上”却很有道理。你想啊，上厕所拿一本《唐诗三百首》，一边方便，一边读书，诗的美好让你忘了所处的环境的污浊。出了厕所背会了几首诗，这样日积月累，定然会“锦心绣口”，说出话是“字字珠玑”。这“三上”读书法充分体现了欧阳修珍惜点滴时间、刻苦学习的精神，令人敬佩。伟大领袖毛泽东上厕所的方式也十分独特。那时战争年代，如是某一晚天气不错，他要方便，就让警卫扛一把铁锹，到野外挖一个方坑，然后就在星点之下、清风之中方便。不少作战计划也许就在这时酝酿出来，那些被人熟知的诗句也许就在此时想出来。

当然，“厕所文化”绝不仅仅只有上面所说的那些，但我可以肯定，厕所文化决非那些写于厕所墙上乌七八糟的东西。它应该是中国博大文化的一部分，它应该是十分健康的。

写到这里，我不敬由衷感叹：大哉，文化！

（二）

孟夫子曰：“食色，性也。”既然这二者，都是人类的生理本性，文化又是人类辛勤创造的结晶，文化当中岂能缺少二者？古人云：吃饭大如天。既然有始，就有终。厕所乃五谷轮回之地，是吃这个过程的终点，所以人类的文化中也不能缺少厕所。

我不是文字学家，不知“厕”的本义，但我也对此字做了一番思考。

"厕"由两部分构成:上厂下则。厂是一个象形字,是棚舍之意。古人云:"放牧之处,皆有庌厂以荫马也。"厂原是为马遮蔽风雨的棚舍。这棚舍肯定是人类进入文明社会后的产物,人知道为自己搭茅屋乃是人类的一大进步;而由己及物,施恩于兽,又是一大进步,这厂字当然含有中国文化的因素了。另一部分"则",有法则、准则的意思,难道进厕所也有什么规章要遵循吗?的确是这样,在厕所这方面,男女的区别特别明显。另外,古时的厕所一般由茅草搭成,空间狭小,往往仅能供一人"工作",若有几人,那必须有个先来后到,实行"轮墩"制。"厕"这个字里,是否含有中国的法制和礼制的思想呢?(厕古写本作廁,从广,广旁与宀旁义近,均与房屋有关。)

有一件事更能表现中国人讲究礼。汉景帝有一次到上林苑打猎,郅都跟随。打猎中间汉景帝的宠妃贾姬上厕所,突然一只野猪闯入厕中。汉景帝用眼暗示郅都去救贾姬,凭郅都的勇气与力量完全能救出贾姬,但郅都没去,因为男女授受不亲,再加上是君臣关系,即使救出也是好说不好听。后来,汉景帝想自己去救,郅都予以阻止,他认为皇帝如受到伤害对国家的影响会很大,景帝听从了他的意见,离开了上林苑。野猪也许受到了感动,主动离开,贾姬安然无恙。这件与厕所有关的故事不正体现了中国的"礼"吗?

厕所既然是人类活动的场合,就与人类社会的政治经济有关系。晋侯被杀于厕,即为厕所与政治有关的证据。谋逆者利用了人在厕所防备松懈的特点,出其不意,杀了晋侯。还有,想当年,鸿门宴上剑拔弩张,刘邦见情况不妙,借上厕所脱身以逃,厕所在政治斗争极其紧张的历史关头也一现其身影。再如,赤壁鏖兵之前,东吴方面主战、主和纷争激烈,此时孙权起身上厕所,鲁肃追到屋檐下,如非孙权内急,怎能立即答应鲁肃主战的要求,三国鼎立之势如何形成?以此看来,厕所在政治斗争中也扮演着比较重要的角色。另外,厕所也表现了统治者的穷奢极欲，如魏晋时的石崇，身居要位，家富亿万，于是精心装饰厕所，把厕所弄得比厨房还干净。人至其家，上厕所，还有身着锦衣，手拿便纸或手捧水盆的美貌婢女一旁侍候，如此兴师动众，让客人如何安心“工作”？

若说厕所与经济有关，那也许是进入二十世纪以后的事。先前，农家自设厕所，有的位于田间地头，过路人可以随便使用，决不收费，农家还将过路人之贡献回收利用，以提高土地肥力，达到获取经济利益的目的。而如今大都市车站公厕一律收费，且价格不菲，有时候，要花几元钱方能解决“十万火急”的事，这样赚钱颇有乘人之危的嫌疑，令人万分恶心，我想这不能包括在厕所文化中。外国的一些大公司、大商场里皆设有厕所，而且是高级厕所，你即使不买它的商品，也可以使用，甚至还会欢迎你再次光临。这样做会给人留下十分好的印象，也许人家下次来时，不仅仅只是为了上厕所，也许会买点什么东西。这种经营头脑十分高明。

时代在进步，与人们息息相关的厕所也在不断发展。如今的厕所都十分高级，装备有抽水马桶。曾看过一则笑话，这样的笑话只能出现在如今的高科技时代。大致意思是这样的：说，日本人、美国人、英国人一块上街，买马桶装备自家厕所。日本人喜爱古典，就买了油彩马桶；美国人想方便，就买了不用擦屁股的马桶；英国人爱听音乐，就买了带音乐的马桶。后来三人遇到一块，谈到各人的马桶。日本人说：“我那马桶油彩成块地掉，方便以后，屁股变成了花脸。”美国人生气地说：“我那马桶，在人方便后，先喷水，然后喷热气，以便把屁股吹干，但有时送的热气温度太高，烫了我的屁股，那时我想起烤乳猪。”英国人愤怒地说：“别说了，我那马桶更可气，音乐倒是有，但只有一首，就是英国国歌，方便一回要放三五次音乐，而本人又十分爱国，它一放音乐，我就要立正敬礼。”

中国鱼文化

一、对鱼的崇拜

远古人们不了解生殖的秘密，所以就产生了对生殖器的崇拜。后来，人们接触了动物和植物，看到一些动物、植物与生殖器相似，于是就产生了图腾崇拜。对青蛙、鱼、甜瓜等的崇拜，就是对女性的崇拜，而对小鸟的崇拜则是对男性的崇拜。

西安半坡遗址出土的人面鱼纹盆，在我们现代人看来，这些鱼纹只是一些很简单的线条，勾勒出并不很形象具体的鱼形，因此也称不上什么美感。但是对于那个时代的人来说，这和他们的生活是息息相关的，因为他们当时是临水而居，鱼是他们的食物、生活的保障，没有鱼就意味着死亡。因此这种感觉决定了他们对鱼的崇拜，把它作为美的象征。这是对鱼崇拜的一个原因，另一个主要原因是鱼的形状与女性生殖器相似，还有鱼多籽、繁殖能力强。在母系社会，人们的寿命普遍偏短，而大量繁衍是人类得以延续的重要方式，所以人们渴望多子多孙、人丁兴旺。

后来人们创造了新的崇拜对象——龙，但龙有鱼的特点，那就是全身布满了鳞片，所以我认为对龙的崇拜是对鱼的崇拜的延续和变种。另外，鱼龙并称，成为一个常用的名词，像张若虚的《春江花月夜》中有“鱼龙潜跃水成文”的诗句。

在古代的故事中，鱼龙可以互相转化，鱼是龙的另外一种形态，龙在困境中常常变化成鱼的形象。有的故事说，调皮好玩的龙女变化为红鲤鱼到江河或池塘里玩，结果被渔人捉住，后来被一书生解救，龙女对书生产生了爱慕之情，虽人神殊途，但最终感动上天，结为夫妻。这故事里的鱼和龙都是人们崇拜的对象，但是在这里神已经被人化，带有人的温情与和善。

到唐代，鱼成为权力和身份的标志，唐代的皇帝赐给臣子鱼符，鱼符的作用和虎符是一样的。唐高祖为了避先人李虎的讳，将虎符改为鱼符。鱼符分为不同的种类，有金质、银质、铜质三种，只有五品以上的官员才有资格佩戴。另外，还出现了专门用来装鱼符的袋子，叫鱼袋。当然，这里面应该有对鱼崇拜的成分。也就是说，唐代在崇拜龙的同时，也在崇拜着鱼。

鱼和中国人的生活息息相关，影响了中国人的思想，影响着中国的文学艺术，从而成为中国文化的一部分。

二、鱼与中国人的思想观念的关系

1. 鱼与爱情有关

基于第一点的论述，我们也就能很容易理解人们用鱼代表爱情这一做法了。当然，人们用鱼代表爱情还因为鱼与水之间难以分开的关系，我们经常看到婚联上有这样的句子：鱼水千年合。恋人或夫妻之间如胶似漆、难舍难分，不就是因为夫妻关系就如鱼水关系吗？

古诗《江南》："江南可采莲，莲叶何田田，鱼戏莲叶间。鱼戏莲叶东，鱼戏莲叶西，鱼戏莲叶南，鱼戏莲叶北。"古人用莲象征爱情，用鱼代表女性，所以《乐府古题要解》说："江南古词，盖美芳晨丽景，嬉游得时也。"可以说这是一首表现男女相悦嬉戏的情诗。

2. 可以借鱼来表达思念

古代传说大雁和鱼均可传递书信。据《汉书》载，匈奴扣留苏武，并谎称已死。汉使得知苏武没死的消息后，对匈奴单于说："天子射上林中，得雁，足有系帛书，言武等在某泽中。"单于只好把苏武送归汉朝。另外乐府《饮马长城窟行》云："客从远方来，遗我双鲤鱼，呼儿烹鲤鱼,中有尺素书。”这就是鱼雁传书的来历。

《西厢记》中有这样的一段唱。【二煞】:“你休忧‘文齐福不齐’,我只怕你‘停妻再娶妻’。休要‘一春鱼雁无消息’!我这里青鸾有信频须寄,你却休‘金榜无名誓不归’。”其中“一春鱼雁无消息”,就使用了“鱼雁传书”的典故,很好地表达了崔莺莺希望张生勤来书信,珍惜爱情、淡泊功名的感情。

3. 鱼表现了中国人尤其是文人对自由的追求

在《庄子·秋水》一文中,有一段十分精彩且经典的对话。

庄子与惠子游于濠梁之上。庄子曰:“鲦(“鲦”字以“黑”代“彡”音tiáo)鱼出游从容,是鱼之乐也。”惠子曰:“子非鱼,安知鱼之乐?”庄子曰:“子非我,安知我不知鱼之乐?”惠子曰:“我非子,固不知子矣;子固非鱼也,子之不知鱼之乐,全矣!”庄子曰:“请循其本。子曰‘汝安知鱼乐’云者,既已知吾知之而问我。我知之濠上也。”

我们在这里并不是要谈论庄子的谈话艺术,我们要说的是这里表现了庄子发自内心的对自由的渴望。他羡慕鱼的自由,他追求人生的自由,他也的确在他的一生中切切实实地实践了他的原则,也许他的身体不一定真的自由了,但他的心灵的确达到了一种不为功名羁绊、不为繁华所动的大自由。

另外,我们会注意到古代的隐士往往以樵夫和渔人的形象出现。渔人是隐士的象征,是高士的别名,是自由自在的人。“白发渔樵江渚上,惯看秋月春风。一壶浊酒喜相逢,古今多少事,都付笑谈中。”他们看透世态,冷眼看红尘,得大自由、大自在。又如“吾与子渔樵于江渚之上,侣鱼虾而友麋鹿……哀吾生之须臾,羡长江之无穷”。虽有人生苦短的感慨,但这种生活也是十分潇洒自在的。“千山鸟飞绝,万径人踪灭。孤舟蓑笠翁,独钓寒江雪。”柳宗元就是用渔翁的形象表达自己高洁、不随流俗的品质的。

隐士总是独坐江边，任斜风冷雨，我自凝视江面的形象，这又是为何呢？

《楚辞·渔父》一文写到屈原与渔父的对话，他劝屈原不必怀瑾握玉，应该同流合污，其实这是试探屈原，并不是他的本意。这个渔父还唱到："沧浪之水清兮，可以濯吾缨；沧浪之水浊兮，可以濯吾足。"他就是一个地地道道的隐士。

庄子也曾在水边垂钓，他太穷了，所以他要钓些鱼来充当食物。不知他的垂钓技艺如何，但他完全可以钓到高官厚禄，因为楚王派人来聘请他担任令尹，但他果断地拒绝了，他说他宁愿当一只在沼泽中拖着尾巴游来游去的乌龟。这种愿望和他羡慕游得十分快乐的鱼的愿望在本质上是一样的。

严光的故事也能给我们答案。严光和刘秀是同学，刘秀当上皇帝以后派人拿着严光的画像到处去找。后来，在一个泽中找到他，他反穿皮衣，垂钓泽畔，形象十分个性。光武帝礼贤下士，想请他来辅佐自己，治理天下，但严光最终也没有答应。光武帝与严光同榻而卧，严光睡姿很不好，将自己的大臭脚放在皇帝肚子上，以至上天也显出征兆。第二天，有人报告客星犯御座很急。

庄子和严光的故事在我国流传很广，对后世影响也很大，他们成了许多知识分子的榜样。有的人思慕，有的人仿效。所以在文学作品中，隐士的身份多为渔人，形象多为静坐垂钓的渔夫。

但同是垂钓的形象，有的人追求的却不是自由，而是人生价值的实现。所以姜子牙渭水用直钩垂钓，非为钓鱼，而是钓人君也。而唐代诗人孟浩然"坐观垂钓者，徒有羡鱼情"的诗句充分表现了他的无奈和失望，自己不能出仕，而只有羡慕的份，人生价值如何实现，青史留名也可能成为虚谈，孟老夫子自然悲从中来，感慨无限。

同样是钓鱼，有的是为了鱼，有的是为了钓，有的是为了结果，有的是为了过程。一般垂钓姿势,万般感情寄托,真是让人品味不尽。

4. 鱼代表着中国人对幸福、美好的追求

年画上往往有一个抱着红色鲤鱼的大胖娃娃,既有年年有鱼的美好愿望,也有人丁兴旺的美好期盼。另外,无论婚礼宴会、生日宴会,只要是重大的宴会,必须有整鱼这道菜,里面也应该含有美好的愿望。

过去穷人家,过年没有钱买鱼,就用木头雕刻一条鱼祭祀上供。

中国鱼文化充分说明了中国文化的博大精深,有很多内容尚需进一步探讨。

怎样调动学生课堂参与的主动性

一、导入十分重要,往往要利用导入创设一个良好的教学情境

为了调动学生学习的积极性,我曾经进行过课前三分钟演讲,课前美文的阅读,课前文言笑话的翻译,当然也让学生唱过歌——对迟到学生的处罚。这些都是有一定的效果的,如果能够结合所学的内容进行导入,形式为学生所喜闻乐见,那是最好不过的。

二、引进竞争机制,小组学习的方式可以借鉴

小组学习的方式,曾经使用过,也曾经取得过不错的效果,还记得王宇的建议和张雪芳的积极主动,所以还是应该坚持下去。把班级分为若干小组,选出小组组长,小组由四到五个同学组成,每周一评比。对于获得第一的小组可以奖励,可以奖给实物,也可以采用减免作业的形式。这种方法贵在坚持,开学初的时候坚持得不错,后来事情太多了,所以没有坚持下来,这是比较可怕的,做什么事情没有持续性是不行的。

三、要注意趣味性

不需要引用孔老夫子的话,不需要引用爱因斯坦的话,它的重要性不容置疑,平时我十分重视这一点,那为什么到有的课就忘了呢?趣味性不可缺少,哪怕是缺少一点深刻性也可以。《短消息中的语文因素》这一课不就是一个成功的案例吗?为什么在最为关键的时候忘记了呢?就是因为没有联系实际,没有注意学生的实际。教学也是一种实践活动,既然是一种实践活动就必须结合着学生的实际,忘记学生实际去教学,失败是必然的。《寡人之于国》那一课,开头引入《孟

子》中的两则有趣的故事，不是激发了学生学习的兴趣吗？张雪芳的回答不是给大家以深刻的印象吗？所以趣味性是教师的需要，更是学生的需要，从教学内容到教学语言，必须注意趣味性。

四、根据学生的实际备课

学生的实际不是教师凭空想象的，是教师通过调查发现的，所以在学习新的内容之前，不妨采用调查问卷的方式，了解一下学生学习的困难。如果调查问卷太麻烦，那就让学生预习课文，布置每个学生提出一个问题，这些可能是十分感性的东西，但是从学生的角度看，这就是他学习中的困难啊。备课只备自己，备教材，而不备学生的做法，是目中无学生，不是以人为本，而是以空想为本，所以必须杜绝这种现象的发生。

五、用自己的切身体验唤醒学生的切身体验

从事语文教学那么多年，从课堂教学中也获得了很多快乐，那些让自己快乐的课堂，往往是师生交流十分充分的。我有过很多这样的感受，就是结合自己的感受，结合自己的经历去谈，学生十分喜欢。例如《山中与裴秀才迪书》的第二课时，我结合自己在南华寺听钟的经历，结合慧能的故事去解读，学生很感兴趣，张桥英、谢天鸿、袁模羿不是有十分精彩的回答吗？这一点可以说是我的经验，十分宝贵的经验，但是为什么有时会忘记呢？从界首一中到碧桂园学校，从碧桂园学校到广外，这一点给了我很大的帮助，所以一定不能忘记。

六、把学生的故事编入学习的内容

在教文言文词类的活用的时候，我把学生的姓名编入文言句式，学生的反应十分强烈，后来布置作业，让学生造三个句子，不是造得很好吗？那次课不是给学生留下了深刻的印象吗？在课堂教学中，结合学生的实际举例，不是取得过举一反三的教学效果吗？所以自己的优

点必须坚持,不能因为外在的一些事情就忘记了自己的根本。

此次《山中与裴秀才迪书》的教学高潮在第二课时,不在第一课时,但是第一课时是公开课,公开课的不理想不是学生的问题,是教师的问题,问题是自己忘记了自己的长项,而选择了自己的短板,没有把自己的真实水平展现出来。这也是一件好事,因为它给了我很多反思,让我看到了自己的优点,看到了自己的不足。我常常对学生讲,失败不可怕,可怕的是不知道失败的原因,现在我知道了失败的原因,那么我就不会害怕此次失败了。

第二辑

在语文的大地上耕耘

教学应该是农业劳作，而不是工业生产，要遵循四季的变化和作物生长的规律。作为一个语文大地的耕耘者，不仅要熟悉你的培育对象，还要对脚下的土地有深深的热爱，用双脚丈量大地，用双手抚摸它的每一寸肌肤。

我用双手捧起这方大地的土块，这里面有诗词，有小说，有散文等等，像农夫一样将它们揉碎，感受它的细腻的质地，感受它的芬芳的味道，记录自己新鲜的感受，于是就有了这些诗词小说的探索文章：魏晋风度的摇曳，唐诗宋词的绚烂，明清小说的奇异。

魏晋风骨　古道豪肠

这是一个真正的乱世。征战，权谋，流血，死亡；燕雀巢于高堂，凤凰堕于凡尘。

个体的鲜活生命恰似草芥，个体生命的泯灭如同蝼蚁。这里仿佛没有诗意，这时好像缺乏诗歌，但是变幻的时代风云却给诗人的心灵以巨大的冲击，草芥般微小生命的瞬间逝去让这个时代的诗人比任何时代都清晰地直面生命的本真。这里的诗人不缺乏深刻的感情，更拥有冷峻的理性。

这是中国古代诗歌中必不可少的一环，它强有力地挽起时代的纤绳，把无比硬气而不失深厚感情的诗歌之舟拉向魏晋这条河流的岸边。一股强劲的罡风从这里吹起，吹去涂抹着厚厚脂粉的虚伪柔情，还原了生命的底色和人性的本真，即使是爱情、友情也苍凉古拙，直接叩击读者的心门。这股带着刚性的风晃动魏晋这个时代，震撼广袤浩渺的宇宙，它就是“魏晋风骨”。

“魏晋风骨”又称“建安风骨”或“建安风力”，这是一个很硬气的名词，紧密地连接着黎庶的生命和现实的土壤，所以一提到它，任何一个稍通文墨的中国人，心中的厚重感就会油然而生。风骨最早用于品评人物，有人认为风骨即风格，我们更赞成风骨就是文辞形式与思想内容的无缝对接、水乳交融。《解说》中的“风清骨骏”即“文情并茂的、结构严密的、刚健朗畅的美”，这才是后世人所乐道的“魏晋风骨”。

以“三曹”“七子”为代表的建安诗人继承了《诗经》及“汉乐府”现实主义的优秀传统，他们在诗篇中用简练刚健、明白晓畅的语言真实地描写汉末的大动乱、大分裂，再现“白骨露于野，千里无鸡鸣”的无限荒凉，表达对处在水深火热中百姓的真实关切，同时又在诗歌中抒发自己欲解民于倒悬、建立伟业的雄心壮志，诗歌情感基调慷慨悲凉，千载而下一直震撼着人们的心灵，成为后世仿效的榜样。

魏晋诗歌的河流从汉乐府潺潺流来，又有大量新的血液注入，闪烁着创新的光芒。文人对乐府诗的风格进行改造，使五言由民歌的原野逐渐走向文人诗的华堂。文人诗汲取民歌的精华，也开始摆脱汉赋的“铺采摛文，体物写志”的浮华之气，古朴慷慨，自然天成，个性飞张。

这方面成就较高，最具有代表性，众耳能详的莫过于“三曹”父子了。

曹氏父子不同于其他建安文人。“三曹”是诗人，更是社会政治生活舞台上的主角。这种显而易见的主角意识是旁人所不能比的，也正是这种主角意识使他们可以想旁人所不能想，说旁人所不能说。曹操的率直从里到外都透着大气。他的“悲凉”“古直”（钟嵘语）不是一般文人的感叹人生短促、生命无常，还包含了深刻的政治眼光（如《蒿里行》《短歌行》等）。曹植的《白马篇》中的游侠与一般文士的游侠也大不相同，没有忠君的包袱，“思想感情高迈不凡”（《汉魏六朝诗鉴赏大辞典》），而所有这一切都是主角意识的深刻表现。在他们看来，他们不只要评说历史，更要登高而呼、叱咤风云，去创造新的历史，成为创造历史的主角。

到了正始文学，则明显流露出浓郁的文人气，即使如此，在表现个性上却与建安一脉相承。入晋之后，爽朗刚健的风骨逐渐软化，此时我们只能看到“脊柱侧弯”甚至“腰背佝偻”的“建安风骨”了。

魏晋风骨，结想甚高，流响极远。到了唐代，陈子昂、韩愈等诸公大声疾呼，提倡“汉魏风骨”，不让“风骨不再、兴寄都绝”。诗仙李白诗歌极强的个性近于魏晋，飘逸的思想直承玄老；诗圣杜甫诗歌内容更与魏晋神似之极，而白居易诗歌文辞浅白、直率通透更是与魏晋风骨有不解之缘。

魏晋五言诗的形式扩大了诗的容量，也为诗的音乐化找到了一种新的方法。尽管这在当时还并不成熟，但却给后世提供了思路。五言诗的形式，使平仄音韵的变化更为丰富，也更具规律性。从更深层意义讲，可以说是直接导致了后世七言、律诗的产生，进而影响到宋词和元曲。

历史在蓬蒿里前行

——曹操《蒿里行》赏析

关东有义士，兴兵讨群凶。初期会盟津，乃心在咸阳。军合力不齐，踌躇而雁行。势利使人争，嗣还自相戕。淮南弟称号，刻玺于北方。铠甲生虮虱，万姓以死亡。白骨露于野，千里无鸡鸣。生民百遗一，念之断人肠。

“行”是乐曲的意思，乐府歌曲的一种体裁。汉魏以后的乐府诗，题名为“歌”和“行”的居多，二者名虽不同，实无严格区别，遂有“歌行”一体。如古诗有《长歌行》《短歌行》，李白有《侠客行》，白居易有《长恨歌》《琵琶行》等。其音节、格律，一般比较自由，形式富于变化。

《蒿里行》是汉乐府旧题，为古代的挽歌。蒿同薨，枯也，人死则枯槁。“蒿里”指死人所处之地。“蒿里行”是当时人们送葬时所唱的挽歌。

蓬蒿萋萋，高过人头；阡陌弯弯，伸向远方；一队送葬的队伍，白衣白帽，在白幡的引领下，在荒郊小路上缓缓向前。未读其诗，题目就在头脑中幻化出这样的画面，一下子把人拉到生命的末端，唤醒心中沉重的压抑和不绝的悲歌。继续读下去，理性清晰地告诉自己，在蓬蒿中前行的不仅仅是送葬的队伍，而且还是一段艰难的历史。

历史艰难地行走在时光的流里，我们的感情艰难地行走在这段历史当中。这条道路常常不是康庄大道，而是曲折绵长的阡陌小径，荒草萋萋，十分泥泞。

历史在蓬蒿里前行，于是《诗经·黍离》中那位大夫悲叹：“彼黍离离，彼稷之苗。行迈靡靡，中心摇摇。知我者谓我心忧，不知我者谓我何求。悠悠苍天,此何人哉!”

历史在蓬蒿里前行,于是《诗经·采薇》中的那位士兵唱道:“昔我往矣,杨柳依依。今我来思,雨雪霏霏。行道迟迟,载渴载饥。我心伤悲,莫知我哀。”

历史在蓬蒿中徘徊,于是屈子在《离骚》中吟哦:“路漫漫其修远兮,吾将上下而求索。饮余马于咸池兮,总余辔乎扶桑。折若木以拂日兮,聊逍遥以相羊。”

历史在蓬蒿中前行,于是《荷马史诗》中有这样的记载:终于双方相遇在沙场之上,/盾牌,枪矛相互碰击,身披铜甲的将士互相拼杀。/中间突起的圆形盾牌铿锵相撞,沙场上发出巨大的响声。/被杀的惨叫和杀人的呼声混成一片,/大地上鲜血横流。/如同冬天里高山上的两股激流,/挟着源头之水狂泄到山谷汇合处,/冲击的洪流发出惊天动地的巨响,/使遥远的山中的牧人也历历在耳。

曹操行走在汉末的历史当中,行走在北方蒿草很高的原野上,天空长云排空,他低沉的心情犹如送葬,他几乎看不出历史的方向。是在这样的形势中沉浮,还是奋臂一呼,引领历史的方向?让我们沉潜到他的诗中,按住诗人跳动的脉搏,窥探诗人感情的起伏。

第一,诗人憎恶奸人作乱,渴望国家统一。

公元 189 年,汉灵帝死,少帝刘辩即位,何进等谋诛宦官,不成,反被宦官所杀;袁绍、袁术攻杀宦官,朝廷大乱;董卓带兵进京,驱逐袁绍、袁术,废除刘辩,另立刘协为帝(献帝),自己把持了政权。公元 190 年(初平元年),袁术、韩馥、孔伷等东方各路军阀同时起兵,推袁绍为盟主,曹操为奋威将军,联兵西向讨董卓。

群凶作乱,义士讨伐,形势大好。各方将领都希望团结一心,效法周武王那样,会师于盟津,吊民伐罪,一心一意地除奸诛恶,忠于国事,匡扶汉室。“初期会盟津,乃心在咸阳”,是说义士们起初希望结成联盟,心向着汉室,即通过讨伐这一举动来平定叛乱,拥护汉室。“义士”“讨”“群凶”这些词语表明诗人憎恶董卓等人作乱,支持义军,渴望国家统一。

诗人在这里没有《诗经·黍离》里那位周朝大夫的悲叹,因为他面对的不是颓圮的城墙,亡了的故国,而是还有一线生机、可以挽救的大汉朝廷,痛恨奸凶,报效国家,颇有“挽狂澜于既倒,扶大厦之将倾”的豪肠。

第二,诗人对义军内部不团结悲愤、失望。

袁绍等关东诸将起兵讨董卓,结果造成自相戕杀的军阀混战局面,但是其始未免不心存忠义,但后来联军内部矛盾重重,自相残杀,力量涣散。导致这种局面的原因是“淮南弟称号,刻玺于北方”,袁术分裂,自立为帝;而袁绍也阴谋废掉汉献帝,立刘虞为帝;他们搞分裂、谋私利,造成的结果是:“军合力不齐,踌躇而雁行。势利使人争,嗣还自相戕。”——貌合神离、互相观望,畏缩不前、按兵不动甚至是自相残杀。

诗人没有像《荷马史诗》里正面去描写战争的残酷,鲜血、头颅、利刃、惨叫,如果他这样写,那么他只能仅仅是一名诗人了,他避开正面战争场景的描写,理性地分析造成联军内部不团结的原因,把矛头指向了“二袁”。“势力”二字是分裂的根本,这显示出作者不同一般的政治眼光。

悲愤、失望的心情感染了读者,让读者沉痛;但诗人理性的分析又给读者以思考,让读者找到历史在蓬蒿中艰难前行的原因。

第三,诗人对人民的疾苦无限同情。

诗人没有正面写战争的场景,但是正面写了战争的结果。由于连年战争,将士的铠甲不离身,长出了虱子;百姓大量死亡,荒野上白骨累累,千里之内都听不到鸡鸣之声。面对着这荒凉、凄惨、惨绝人寰的景象，诗人不禁发出了振聋发聩的呼喊："生民百遗一，念之断人肠。"这表达了对因战乱而陷于水深火热之中的苦难人民的极大悲愤和同情，而且对造成人民疾苦的首恶元凶，给予了无情的揭露和鞭挞，体现了强烈的人民性和现实主义精神。

《诗经·采薇》对战争的批判是一个战士的自伤自怨，而诗人曹操对战争的批判建立在对百姓的无限同情上，两者比较就可以看到境界的高低，胸襟的大小。

第四，诗人的雄心壮志隐约可见。

诗人《观沧海》中"日月之行，若出其中。星汉灿烂，若出其里"的诗句，很明显地表现了作者吞吐宇宙、统一天下的雄心壮志，而在这首诗中他的雄心壮志不太明显，但是也隐约可见。

这种雄心隐藏在对"焚宫毁庙、挟持献帝、迁都长安、荒淫兀耻、祸国殃民"的董卓的批判上；这种雄心表现在对"各方将领都希望团结一心，效法周武王，会师盟津，吊民伐罪，一心一意地除奸诛恶，忠于国事，匡扶汉室"的赞扬上；这种雄心体现在对袁绍兄弟阴谋称帝、铸印刻玺、借讨董卓为幌子，行争霸称孤之实的无情揭露和严厉抨击上；这种雄心隐藏在对"富饶的北方，变得满目痍瘦，哀鸿遍野，到处是白骨累累，千里之内听不到鸡鸣之声"的惨象的描写上。这种雄心还在那最后一句的沉痛呼喊上——"生民百遗一，念之断人肠"！

《蒿里行》这首诗不仅对因战乱而陷于水深火热之中的苦难人民表示了极大的悲愤和同情，而且对造成人民疾苦的首恶元凶，给予了无情的揭露和鞭挞，隐约透露出自己的雄心壮志，表现了自己的古道豪肠。它是汉末之实录，是史诗也。

历史在蓬蒿中艰难前行，它展现着坎坷，也呼唤着英雄，一旦英雄出现，振臂一呼，风云为之变色，历史会加快进程。

枝繁叶茂的生命情怀

——曹植《薤露行》欣赏

天地无穷极，阴阳转相因。人居一世间，忽若风吹尘。愿得展功勤，输力于明君。怀此王佐求，慷慨独不群。鳞介尊神龙，走兽宗麒麟。虫兽犹知德，何况于士人。孔氏删诗书，王业粲已分。骋我径寸翰，流藻垂华芳。

诗人总是具有一双敏锐的眼睛，他们用这双眼睛看人生，看社会。一只眼睛是现实的，看到生老病死，看到人世纷争；一只眼睛是浪漫的，看到神仙洞府，看到万里鹏程。诗人不仅有外在的眼睛，更有内在的眼睛，内在的眼睛更加关注宇宙和生命。

曹植睁开自己的双眼，在这首诗里看到了什么呢？

第一，看宇宙，看到天地无极。

“天地无穷极，阴阳转相因。”诗人一开始就将视野锁定在宇宙上面，仿佛他的眼睛居于九天之上，俯瞰宇宙和大地。银河系在转动，星星在闪烁，再看地球，四季轮回，春夏秋冬不停交替，白昼和黑夜也不停更替。时光流转，宇宙深邃。

第二，看人生，看到短暂无比。

“人居一世间，忽若风吹尘。”紧接着，诗人把目光转向自己，这个有血有肉、有思想有感情的人。生命寓居世间，犹如尘土一般，被风吹起，无法把握自己的方向。“居”字写出人类天地过客的身份，就像李白说的那样：“夫天地者万物之逆旅也；光阴者百代之过客也。而浮生若梦，为欢几何？”“忽”是飘忽的意思，写出生命的不可把握；“忽”又是忽然的意思，写出生命的短暂——“一切有为法，如梦幻泡影，如露亦如电，应作如是观。”

在看透宇宙和生命的关系之后，诗人规划自己的人生，要超越有限的生命。他依然是将无穷的宇宙和短暂的人生并置在一起，看宇宙的终极目的是看人生，看生命。所以在前四句之后，诗歌主要是在规划人生，规划生命。

“愿得展功勤，输力于明君。”诗人想拥有一片土壤，种植自己的理想，让自己的理想长成参天大树。“愿得”是殷切的期望，“展”是实现也是展示，是展示功绩，也是展示生命。“功勤”这里面不仅含有自己的才华，还含有自己生命的血汗。“怀此王佐求，慷慨独不群。”为了实现自己的生命理想，诗人孜孜以求，修炼自己，培养自己的辅臣之才，意气慷慨，傲然不群。

明君贤臣，风云际会，那是许多读书人的梦想，曹植也不例外。“鳞介尊神龙，走兽宗麒麟。虫兽犹知德，何况于士人。”这四句充分表现了自己对圣明君主的渴望，其实也是生命意识的张扬。诗人使用比喻，把明君比作“神龙”和“麒麟”，一个“尊”字、一个“宗”字，表现了尊重和服从，仰慕和追随。这是对明君的渴盼，是对实现人生目标的条件的渴盼，而这些都是生命的鼓动，生命的召唤。“虫兽犹知德，何况于士人。”这种行为，就是一种德行，一种积极向上、热爱生命的举动。“犹”和“何况”组合，肯定了虫兽的德行，激励着“士人”的斗志。如果没有远大的志向，不能积极主动地去展示生命，证明生命，张扬生命，那么人连畜生都不如啊！

“孔氏删诗书，王业粲已分。骋我径寸翰，流藻垂华芳。”诗人以孔子为例，表现自己愿意向孔子学习，借助翰墨，驰骋文苑，流芳后世。

这是生命短暂的哀歌，更是生命奋起的壮歌，它让你认识到生命的特征，让你的生命在自然的面前如沧海一粟，让你清醒，但不让你过度悲伤，让你不甘，让你向自然宣战。诗歌用对比点透你，用比喻启发你，用实例振奋你。当然诗人不仅仅是在鼓励你，它还在自我鼓励。这里是热情，这里是豪肠，建功立业的热情，不浪费生命的豪肠，不屈服于自然和命运的豪肠。

这应该是曹植早期的作品，和《白马篇》一样悲伤而不绝望，为了实现生命的承诺，“视死忽如归”。

壮丽自然中的生命觉醒

——曹丕《丹霞蔽日行》欣赏

丹霞蔽日，采虹垂天。谷水潺潺，木落翩翩。孤禽失群，悲鸣云间。月盈则冲，华不再繁。古来有之，嗟我何言。

日月经天，江河行地，太虚广袤，宇宙无极。

面对着壮丽的山川，面对着繁富的万物，人类往往会有生命的悸动，对自然对人生生发出无限的感慨。

面对着流逝的江水，子在川上曰："逝者如斯夫，不舍昼夜。"

面对着"天朗气清、惠风和畅、崇山峻岭、茂林修竹"的美景，王羲之"仰观宇宙之大，俯察品类之盛"，穷究生命的意义，洞察"死生亦大矣"的生命规律，认识到"一死生为虚诞，齐彭殇为妄作"，鼓励人们应该在现世找到生命的安居之地。

面对春江花月夜的美景，张若虚慨叹："江畔何人初见月？江月何年初照人？人生代代无穷已，江月年年只相似。"诗人的理性之眼看到，个体的生命是短暂的，但是个体生命只是人类绵延不绝的序列中的一环，环环相扣，人类和自然一样永恒。

面对着壮丽的山水，李白咏叹："登高壮观天地间，大江茫茫去不还，黄云万里动风色，白波九道流雪山。"他告诉我们：生命的意义在于经历，人生的价值在于行走。李白将诗歌的生命安住在山水间，安住在自然里。他诗歌的生命直承魏晋那些山水田园诗人，他们发现了自然，更在自然中发现了自己。

面对着滚滚滔滔的江水，面对着江上明月和山间清风，苏轼从变与不变两个角度思考宇宙和人生，使在现实的樊笼里十分局促和困窘的生命突出重围，大彻大悟。

面对佳妙的黄昏，英国湖畔派诗人威廉·华兹华斯咏叹："佳妙的黄昏，宁静宜人，/神圣的时分，静如修女屏息膜拜；/那脉脉斜晖/身影安详，慢慢西沉；/天空俯视大海，柔情深深，/听，浩瀚的大海，它正醒，/永恒动，波势涛声相竞，/响如雷，天长地久相闻。"诗人已和自然融为一体，忘记了自我和时间，在这样的美景中沉陷下去，沉陷到了生命的最安静的地方。

曹丕也不例外。

红霞遮蔽了白日，彩虹从九天垂下，山谷青翠，流水潺潺，落叶翩翩起舞，如纷飞的蝴蝶。天空纵横长云，一只孤雁在云间飞翔，时而一声长鸣，声闻霄汉。

面对着这绚烂美景，面对着这多彩自然，诗人曹丕用心灵去感悟，用生命去抒发。

第一，这里有建功立业的豪肠。

诗人仰观浩宇，看到红彤彤的云霞遮蔽了太阳，看到彩虹如桥从九天垂下，直插青翠的山谷间，欲吸取那潺潺的溪水。诗人将自然的壮丽摄入眼底，摄入心底，诗句中他对自然的崇敬之情显露无遗。自然美景，绚烂壮丽，威仪四方，尤其是那红霞和彩虹，一个"蔽"字状写红霞面积之广，一个"垂"摹写彩虹气势之雄。这样的红霞，这样的彩虹，即使千万里之外的人们也可看见，足可引起他们的仰视！诗的开头写得极其大气，无怪乎王夫之赞叹道："长句长篇，斯为开山第一祖。鲍照、李白，领此宗风，遂为乐府狮象。"

这种自然美景的描写让人想起曹操的"日月之行，若出其中；星汉灿烂，若出其里"，想起孟浩然的"气蒸云梦泽，波撼岳阳城"，想起朱棣的"日照龙鳞万点金"，想起毛泽东的"万山红遍，层林尽染……鹰击长空，鱼翔浅底"……这里铺展的不仅是自然的美景，也是欲建功立业者的胸襟和豪肠。有人说曹丕的这几句诗中有帝王的气象,我觉得极有道理。这里应该有诗人对绚烂人生的憧憬,对辉煌生命的向往。诗人的愿望像红霞一样灼热和绚烂,诗人希望生命像长虹一样俯瞰大地,君临人间。

第二,这里有极其强烈的生命意识。

美好的景物激励人去奋斗,又让人意识到岁月带来的危机。

崇高的愿望像巍巍高山,屹然挺立,但生命的时光像流水总不停潺潺,落叶纷飞,不知不觉人生已晚,就像古诗里说的那样“未觉池塘春草梦,阶前梧桐已秋声”。卑微的生命在永恒的自然面前总是那么不堪一击,所以多少人悲叹壮志难酬,多少人感伤髀肉复生。“谷水潺潺,木落翩翩”是写实,写流水的绵长和落叶的翩翩;更是写虚,写岁月无情的流逝。“谷水潺潺”,流动着生命的喜悦,发之于声;“木落翩翩”舞蹈着美丽的零落,表现在形。木叶以舞者的姿态辞世,给大自然平添了一种惊心动魄的美丽。这两句多像杜甫《登高》中的那两句——“无边落木萧萧下,不尽长江滚滚来”。那些理想的高山总是被韶光的流水腐蚀着,甚至那高山的根基被淘空,最后理想和生命都轰然倒塌,一地遗憾。

曹丕用诗人的敏感感悟自然,用深刻的生命眼光审视万物,把大自然的永恒深沉与个体生命的短暂微浅并置在一起,形成鲜明的对比反差,流露出诗人强烈的生命意识,震撼着读者的灵魂,启迪着读者的灵魂,召唤着读者的灵魂。诗人是在用灵魂启迪灵魂,用生命唤醒生命。

面对流动的生命,面对美丽的飘零,诗人肯定有时不我待的紧迫感,就像屈原的《离骚》中写的那样“汩余若将不及兮,恐年岁之不吾与”,所以要赶快行动起来,用坚强的执行力和辉煌的业绩撑起理想的高山,撑起生命的骨骼!

“孤禽失群，悲鸣云间。”我常常把“孤禽”理解为云间的鸿鹄，理解为欲展翅九天的大鹏。到这里，诗人的感情转向悲哀，那失群的孤禽也许就是理想暂时没有实现的志士的象征吧。本诗前面写的是壮丽的景观，这里突然出现“孤禽失群，悲鸣云间”的哀景，好像与前文很不协调，其实前面四句诗是以乐景衬哀情，这里是以哀景衬哀情。接着诗人写道“月盈则冲，华不再繁”，以“月轮长转，花落不再”哀叹生命的流逝。生命短暂，宇宙永恒，功业难建，华年暗逝，这也许是孤禽悲鸣云间的原因吧！

在汉末魏晋那样的乱世，哀叹生命无常是文学作品的母题，像“人生天地间，忽如远行客”“人生寄一世，奄忽若飙尘”“人生非金石，岂能长寿考”等等。但是像曹丕这样的政治舞台上的主角，他们建功立业的感情更加强烈，在一些诗作中成为主旋律，暂时冲淡了生命短暂的哀伤，他们彰显生命的愿望更加强烈，他们在诗中表现的生命意识也更加强烈。

第三，这里有诗人的终极情怀。

诗的最后，诗人咏叹道：“古来有之，嗟我何言。”好像又归于悲伤和沉默，但我觉得前面昂扬的基调已经确定，即使是那些“纵有千年铁门槛，终须一个土馒头”的无奈悲伤也无法掩盖。

古人要立德、立功、立言，这对曹丕影响极大。他要建功立业，要寄情翰墨。曹丕在他的《典论 · 论文》中说：“盖文章，经国之大业，不朽之盛事。年寿有时而尽，荣乐止乎其身，二者必至之常期，未若文章之无穷。是以古之作者，寄身于翰墨，见意于篇籍，不假良史之辞，不托飞驰之势，而声名自传于后。”他要用前者增加自己生命的密度，用后者延长自己生命的长度。他要挖掘生命的深度，他要擦拭生命的亮度！

诗人一眼看透古今，看到生命的最后，从而确立了自己的终极情怀:生命必定有终结,在有限的生命里要呈现出最绚烂的光辉,这样生也精彩,死亦无憾。

生命就像深邃夜空的烟火,明知道绽放后是永恒的寂寞,也要努力地绽放!生命的寂寞,是绽放的结果,是诉说的结果,是繁华的结果,是必然的结果。既然曾经绚烂过,那就毫不犹豫地拥抱着恒久的黑暗,接受这铁定的因果。

涧底奇松和山顶小草的错位

——左思《咏史》赏析

郁郁涧底松，离离山上苗。以彼径寸茎，荫此百尺条。世胄蹑高位，英俊沉下僚。地势使之然，由来非一朝。金张藉旧业，七叶珥汉貂。冯公岂不伟，白首不见招。

一股生命的怨气，从深深的谷底直冲霄汉，从汉魏一直冲击到今天！

这是生命遭压抑的结果，这也是生命要自我实现的强烈要求。这不仅仅是一个个体生命的要求，而且是无数寒门士人实现生命价值的要求。这股怨气凝聚在一起，凝聚成左思的《咏史》。

左思出身寒门，小的时候天资鲁钝，学书法和弹琴都不成功，后来受父亲的激励，勤奋苦学，以至博古通今，写出使“洛阳纸贵”的《三都赋》。左思貌丑口讷，不好交游。《世说新语·容止》里有这样的记载：潘岳有美好的容貌和优雅的神态风度。年轻时挟着弹弓走在洛阳大街上，遇到他的妇女无不手拉手地一同围住他。左太冲长得非常难看，他也来学潘岳到处游逛，这时妇女们就都向他乱吐唾沫，弄得他垂头丧气地回来。

容貌丑陋，口不能言，也许是左思不愿意交游的一个原因，但更重要的是他出身寒门，这直接影响了他在仕途上的发展。

西晋实行门阀贵族制，这种制度是一堵无法逾越的高墙。在这个“上品无寒门，下品无势族”的社会里面，左思知道自己永远也不可能不费吹灰之力地被众人接受，因此奋发努力。后来因为妹妹是贵妃的原因，搬家到洛阳，但是由于寒门的出身，他的仕途依然一直不顺利。

世道的不平常使他内心忧伤、绝望，而忧伤情绪推动了愤懑的激情。这种被时代压迫的生命自我实现的精神强烈地扩张开来，带着强烈的冲击力，造就了他强劲有力、超拔时代的诗风。

郁郁涧底松，离离山上苗。以彼径寸茎，荫此百尺条。

山涧之底，冷清偏僻，青翠茂密的苍劲之松生长在这里；高山之顶，阳光充沛，羸弱寸茎的小苗披拂于此。草木生长于何处，纯属自然现象，然而，在人们的印象中，“离离原上草”“郁郁山顶松”才是正常的，但此时此地，柔弱之苗高踞山顶，郁郁奇松屈身涧底，显得极不协调。涧底奇松和山顶小草的错位，给人突兀之感，形成强烈的对比。草胎和木质，高低不平，大小不称，显示着生命的不公，强烈地震撼读者的心灵。

诗人从自然现象落笔，继承《诗经》比兴的艺术传统，展示了一幅松苗错位的自然图景。其实，诗人是以自然之景比喻社会现象，以自然的错位比喻现实的不公。那生长在不见阳光的幽僻“涧底”的奇松就是才高位卑的寒门之士，那高踞在上、吸取日月之精华的“山上苗”就是才劣位高的士族。诗人在陈述，更是在抗议——凭借着一寸左右的茎叶，竟然荫蔽这枝繁叶茂的百尺柔条?！激愤之情蕴含在字里行间。一个“荫”字真实地反映了当时制度下深受压抑、惨遭埋没的寒门之才的状况，这让人不由得想到屈原《涉江》中的诗句：“鸾鸟凤凰，日以远兮；燕雀乌鹊，巢堂坛兮”。两首诗中的生命慨叹、人生愤懑同样震荡着我们的心灵。

世胄蹑高位，英俊沉下僚。地势使之然，由来非一朝。

开头的四句，诗人还极力压抑着自己的感情，在这里，诗人内心郁积的灼热岩浆酣畅淋漓地喷发而出。这四句使所有的寒门士人感到畅快，也让他们稍微直了直被压了好久的酸痛的脊背。

此四句话是本诗的诗眼，一针见血地揭露了残酷而不公的现实。与前四句相呼应，世袭贵族的形象和小苗的形象重叠合一，英杰才俊的形象和涧底奇松的形象融为一体。“蹑”字写出世袭贵族趾高气扬和傲慢无礼的神态，“沉”字写出寒门士子屈身下层的窘迫和不甘。“蹑”和“沉”两个动词用得相当精妙，蕴含了诗人强烈的爱憎感情，有对士族的蔑视和愤恨，也有对如同自己一样的寒门才子的肯定与痛惜，更表现出诗人的凛然正气，彰显出诗人勇敢无畏的精神——敢于言说，敢于披露，敢于抗争，敢于指斥。

“地势”二字点明了这种不公平待遇的根源，松苗错位在于自然地理，而生命不公则在于门阀制度的不合理。自曹魏建立“九品中正”制度以后，就逐渐形成了根深蒂固的门阀制度。在西晋初期，出现了士族独占上品的现象，“九品中正”制度已为世族门阀所利用，成为维护其利益、巩固其政权的工具。当时的士族与寒门，不仅等级森严，而且有一定世袭性，很难改变。士族的后代即使是傻瓜笨蛋，也可以居于高位。“地势使之然，由来非一朝”点出了门阀制度扼杀人才的罪恶，也表现出了这种极难重返的历史根源带给诗人的深深的无奈。批判的锋芒在揭露历史现实的同时，那蕴含在字里行间的无奈之情和深深的愤慨也感染着人心，震撼着生命。

金张藉旧业，七叶珥汉貂。冯公岂不伟，白首不见招。

这四句是诗歌的第三层，引用典故，以事实证明“世胄蹑高位，英俊沉下僚。地势使之然，由来非一朝”，批判力透纸背。

“金张”诗指西汉金日磾（dī）和张汤两大家族，金、张两家子孙凭借祖宗功业，七代人都做了高官，后世把他们作为世代为官的贵族的代称。《汉书·金日磾传赞》及《张汤传》记载了两大家族的世袭的显赫与世代恩宠，金张的事实正好证明了“世胄蹑高位”这一事实。

“冯公”指西汉的冯唐，汉武帝时，虽然才华出众，但到九十岁也一直不被重用，才华不得施展。《史记·冯唐列传》中记载："七年，景帝立，以唐为楚相，免。武帝立，求贤良，举冯唐。唐时年九十余，不能复为官，乃以唐子冯遂为郎。"王勃在《滕王阁序》中感慨："冯唐易老，李广难封。"这样的历史真实摆在眼前，谁又能不承认呢，谁又能否认这种制度对寒门之士的残酷呢？在这些人的身上，在他们的对比中，我们清晰地看到了诗人今后的路，看到了诗人心中的愤懑。面对如此才华难展的痛苦不禁让人深深思索，难以忘怀。

"文典以怨，颇为精切，得讽谕之致"是钟嵘对左思诗歌一段相当精确的评价，诗人在该诗中也表达出了这样一种难以排解的怨，难以摆脱的恨，不平与反抗的声音在层层对比与递进中，在诗人的心中荡漾千回，也在读者心中溅起千层浪，悲愤而无奈。"已有怀抱，借古人事以抒写之"，诗中"金张""冯唐"的典故也配合得恰为妥帖。

作为"左思风力"的代表作，诗歌情感强烈分明，内容深刻丰富，精练简短而切中要害，结构精妙。全诗以三层递进，每层皆有对比，"涧底松"与"山上苗""世胄"与"英俊""金张"与"冯唐"，对比鲜明，而三层意义环环相扣，紧扣上层意象，突出表现了诗人豪迈而又深沉、悲壮而又无畏的精神。全诗语言质朴，但又以有力的笔调表现出流动的色彩，以质朴刚劲继承了建安风骨却又独树一帜。同时，本诗在修辞手法的运用上也是非常精彩，篇首即用比兴手法，用一比喻将整首诗带入清新流畅之途，在笔锋上的自然突转，对比上的成功印证，对偶的不显痕迹，让诗读起来自然流畅而又慷慨激昂，从而表达出了一种强烈清晰的情感意识和价值取向。

总之，本诗充分表达了寒士的心声，有着其独特的艺术魅力和文学价值，所以何焯评价说"良图莫骋，职由困于资地，托前代以自鸣所不平也"。

诗题红叶寄深情

“红叶”是古代诗文里常见的意象。在诗词名句网中输入“红叶”一词,竟然出现 549 条结果,其中宋代的有 290 条,唐代的有 127 条,明代的有 82 条。那么为什么古代诗词里经常使用“红叶”这个意象呢? 这个意象有怎样的内涵呢?

“红叶题诗”来自一个故事,这个故事也有一个演变的过程,了解这个故事有助于“红叶”意象的理解。

最初的故事是“桐叶题诗”,和那个说白居易“长安米贵,居大不易”的顾况有关。

中唐著名诗人顾况在洛阳,闲暇时与三诗友在上阳宫宫廷苑囿内游玩。看到流水从宫墙内飘来一片大梧桐树叶,上面写有一首诗:“一入深宫里,年年不见春。聊题一片叶,寄与有情人。”顾况第二天走到流水的上游,也题了一首诗在叶上,让它顺着水流入宫墙内。诗曰:“花落深宫莺亦悲,上阳宫女断肠时。帝城不禁东流水,叶上题诗欲寄谁?”过了十多天,有人到苑中踏春,又在梧桐叶上得到一首诗,拿来给顾况看。梧桐叶上写着:“一叶题诗出禁城,谁人酬和独含情。自嗟不及波中叶,荡漾乘春取次行。”

后来,才演变成红叶题诗,故事的主人公变成了“卢渥”。唐代范摅《云溪友议》卷十:“中书舍人卢渥,应举之岁,偶临御沟,见一红叶,命仆搴来。叶上有一绝句,置于巾箱,或呈于同志。及宣宗既省宫人,初下诏从百官司吏,独不许贡举人。渥后亦一任范阳,独获所退宫人。宫人睹红叶而吁叹久之,曰:‘当时偶随流,不谓郎君收藏巾箧。’验其书迹无不讶焉。诗曰:‘流水何太急,深宫尽日闲。殷勤谢红叶,好去到人间。'"

后来故事有更多的演绎和版本，但都离不开"题诗红叶"。本文讲的"诗题红叶"即有在红叶上题诗抒发感情的含义，最主要的含义是在诗文中使用红叶这个意象，借物抒情，托物言志，主要想通过对于诗文中红叶意象的分析，探究红叶意象蕴含的感情。

诗题红叶寄闺情

红叶题诗，红叶是书写的载体，也是抒情的寄托，最初和宫女表达宫中寂寞孤独的生活有关，那么"诗题红叶"用来表达宫怨和闺情，就是很自然的事了。

唐代湘驿女子《题玉泉溪》："红叶醉秋色，碧溪弹夜弦。佳期不可再，风雨杳如年。"红叶虽好无人同与欣赏，夜弦动听无人聆听。佳期难再，情人归期不可确定。独处的孤独之感与对情人的真挚思念，都在这个红叶飘零的风雨夜一起涌上心头，让这个湘驿女子情何以堪？

宋代赵长卿《瑞鹧鸪》也是写闺情，但是已经不是缠绵的相思和无限的离恨。"宝奁常见晓妆时。面药香融傅口脂。扰扰亲曾撩绿鬓，纤纤巧与画新眉。"细腻描写女子闺中的生活，写女子回忆情人曾经为自己撩绿鬓、画新眉的情形，充满柔情蜜意。但是这些柔情蜜意已经成为过往："浓欢已散西风远，忆泪无多为你垂。各自从今好消遣，莫将红叶浪题诗。"这个闺中的女子对于这段感情有着清醒的认识，所以就十分决绝地斩断情丝，表示自己不会随便"红叶题诗"。此典故在这里不是柔情蜜意，不是孤单寂寞，而是清醒决绝。

诗题红叶寄秋情

红叶，是秋天最常见的景物，所以写秋天的诗词就常常选择这一景物，它也自然成了抒情的常见意象。王维五绝《山中》："荆溪白石出，天寒红叶稀。山路元无雨，空翠湿人衣。"描写山中优美的秋景，表达了对美好景色的喜爱及时光流逝的无奈。

宋代词人严仁《贺新郎·兰芷湘东国》:“正愁予、一江红叶,水程孤驿。欲写潇湘无限意,那得如椽彩笔。”通过写一江的红叶,表达了羁旅漂泊之愁,天涯孤旅之恨。与之相类似的诗句“红叶晚萧萧,长亭酒一瓢”,也有浓浓的离愁别绪。

“春女思,秋士悲。”暮年的文士到了秋天的季节,想到自己的生命也到了秋天,而功业不建,壮志难酬,自然会生发出悲秋之意。在这样的诗文里也有“红叶”的身影出现,既可以烘托秋天的清冷的氛围,又是诗人抒情的载体。唐代赵嘏《叙事献同州侍御三首》就是这方面的代表:“尊前谁伴谢公游,莲岳晴来翠满楼。坐见一方金变化,独吟红叶对残秋。”

诗题红叶寄离情

“黯然销魂者,唯别而已矣。”尤其是在交通不发达的古代,离别更能引起人的愁思。秋风乍起,游子启程。枝头红叶,倍惹伤情。所以古代离别诗文,采红叶入诗,抒千古离愁。

唐代诗人许浑《谢亭送别》诗曰:“劳歌一曲解行舟,红叶青山水急流。日暮酒醒人已远,满天风雨下西楼。”红叶流丹,青山如翠。这样的景色多么绚丽,但是就是在这样的美景中,诗人和朋友离别。诗人用美景衬哀情,流丹的枫叶就像心头的滴血,只有到醉梦中麻醉自己。

一片红叶,万千感情,不是红叶有多大区别,而是感情千变万化。虽然如此,诗题红叶,还是要注意它季节的属性和对象属性。知道这些,对于欣赏这美丽的红叶,欣赏红叶背后的深层意蕴大有裨益。

品三影之诗　话无相之味

“三影”之中见真味

“积水涵虚上下清，几家门静岸痕平。浮萍破处见山影，小艇归时闻草声。入郭僧寻尘里去，过桥人似鉴中行。已凭暂雨添秋色，莫放修芦碍月生。”(张先《题西溪无相院》)

《题西溪无相院》又名《华州西溪》，是北宋诗人张先的一首有山水田园风味的诗歌，表达了诗人对于空灵、寂静美景的喜爱，表现诗人对雨后秋溪的独特兴会，抒写一种高妙情致，也许隐含有一点对佛教寂静空无思想的喜爱。

但是竟然有人对于“无相”二字不理解，将“无相院”分割开来，读成“无”“相院”，解释成没有“相院”，真是滑天下之大稽，令人啼笑皆非。西溪指的是华州西溪，这里台地夹峙，稻田如茵，溪水蜿蜒北流，风光别具，在古代为眺游佳景。唐代这里因受南山诸峪水而成泓漾溪，万壑风烟，景色绮丽，号称“小曲江”。诗人杜甫在任华州司功参军时，常到此游览，并写有诗作记游。无相院，即名叫“无相”的寺院。

该诗首联从远处大处着笔，展现西溪的独特风貌。秋雨过后，溪水涨满，天光水色，浑然一体，临溪屋宇，平卧水面，明丽清静。颔联笔锋一转，小处着墨，抓住浮萍、草声细微的景物，动静结合，视听结合，以动衬静，进一步写到无相院周围的寂静。颈联“入郭僧寻尘里去”使用反衬的手法，写红尘之远，突出无相院是个离俗之境；“过桥人似鉴中行”，溪水照彻人影，仿佛也照彻人的内心，几乎达到了心与境皆寂的禅悟境界。尾联照应首句，余味悠然。

张先善于写“影”，人称“张三影”，此诗也体现了他写影的功夫。其中“浮萍破处见山影”属于明写，“过桥人似鉴中行”是暗写，“莫放修芦碍月生”巧妙虚写。三处写影，由明到暗，由实到虚，由有相到无相，深得禅宗三昧，仔细品赏，倍有滋味。

“无相”意义之探讨

“无相”，是中国最早的道教理念，远比佛教的“无相”之说早两个多世纪。最早写作“无象”，指没有形迹，没有具体形象、概念。其原为道家形容道玄虚无形之语，后亦泛指诸种义理的玄微难测或玄微难测的义理。语出《老子》：“绳绳兮不可名复归于无物。是谓无状之状无象之象是谓忽恍。”

“无相”又是佛教的一个名词。在佛教中，“相”是一个很常用的概念，与“性”相对，指一切事物外现的形象状态，可以识别，如火的焰相，水的流相，其实就是眼耳鼻口身意感知到的客观世界。佛教对于这个世界是否定的，认为只有做到心中没有这些外在的一切，将这一切看成空无的，那么才能达到涅槃的境界。《金刚经》说“凡所有相，皆是虚妄”，意思就是：凡是所有一切的相，都要将它当成是虚妄的，只要不去执着它，就会产生智慧。从中可以看出，在佛教那里，无相和有相是相对的。他们肯定无相，否定有相。

在佛家经典中，无相的意思有两种：① 就理彰名。理绝众相，故名无相。② 就涅盘（涅槃）法相释。涅盘之法离十相（《涅盘（涅槃）经》三十：色相、声相、香相、味相、触相、生住坏相、男相、女相、是名十相），故曰无相。

《金刚经》被认为是佛教大般若类经典的总纲。通过佛祖和弟子须菩提的对话，阐述了心不住相（无相）的修持法门，就是不要执着于你感受到的客观实在，这一切都是虚无的。《金刚经》认为宇宙的一切不是恒定不变的，它的实相是空性。万物皆空，不要执着，就像《金刚经》最后的偈子说的那样:“一切有为法,如梦幻泡影。如露亦如电,应作如是观。”

禅宗里还有“无相禅师”,他以无相为名,通过头陀戒来修行禅定。佛教里面忏悔也是一种重要的修行方式,而忏悔的形式多种多样,其中就有“无相忏悔”。这种忏悔的核心就是观空,观空则无相,故称为无相忏悔。

“无相”是佛教对于现实世界的一种认识,很明显是唯心的;但是在某种程度上揭示了世界的一部分真相,它在某种情况下可以麻木人的神经,减轻人肉体和心灵的痛苦。它让人远离现实社会,生活在一个观念制造的虚无的世界中,消极意义是十分明显的。

深妙禅味入诗来

唐代时,六祖慧能将禅宗发扬光大,这对唐诗也有着很大的影响,使得宗教也染上了诗歌的芬芳。尤其是中唐以后,禅宗成了汉传佛教的主流,和中国的文化、艺术等水乳交融。禅宗的无相——空无、静寂、超脱、自性的圆满等对于诗歌影响很大,典型的代表人物是王维。

王维的诗歌如《辛夷坞》《鸟鸣涧》《山居秋暝》《鹿柴》等,意境清虚空寂,禅味盎然。他诗中的自开自落的芙蓉花,空寂幽静的春涧、山谷,空山的明月、青松和修竹,无不清静、高洁,但又短暂,终归虚无。王维被称为“诗佛”,也就是由此而来。

禅宗到了宋代进一步发展,很多文人和僧人往来,甚至被僧侣化,像僧人一样参禅悟道;很多僧人也有着非常深厚的文学修养,所以宋诗受到禅宗的影响是肯定的。宋诗“以理入诗,”开辟了新的诗歌路径,其中的理就有一部分是禅理。

和王维的诗中有禅味不一样,宋人的诗中多的是禅理、禅语,代表作是苏轼的《和子由渑池怀旧》“人生到处知何似,应似飞鸿踏雪泥。泥上偶然留指爪,鸿飞那复计东西。老僧已死成新塔,坏壁无由见旧题。往日崎岖还记否,路长人困蹇驴嘶。”诗歌前四句采用比喻和对比的手法,感慨世事沧桑和生命的偶然、短暂,形象生动,寄意深沉,很有禅理。因此此诗很快就传扬开来,“雪泥鸿爪”便成了惯用的成语,用以比喻往事遗留的痕迹。

张先的这首《题西溪无相院》,和苏轼的诗不同,主要还是有禅味,禅理最后一句有一点,但是与苏轼的诗比是不足的。张先这首诗的意境清幽、空寂,但是与王维的诗比,画面感稍弱,那种高洁的内蕴略显逊色,但是“以境近禅,由静入禅,以影悟禅”,是极为巧妙的。张先写作此诗时,已经六十岁,对于世事人生的理解颇为透彻,这也是此诗十分高妙的原因所在。

家花和野花

唐代诗人张又新有一首七言律诗《牡丹》:牡丹一朵值千金,将谓从来色最深。今日满栏开似雪,一生辜负看花心。

诗人喜欢价值千金的深色牡丹,可是拥有的却是满栏怒放、色如白雪的白牡丹,诗人深深地遗憾,觉得对不起那一生追求深色牡丹想拥有深色牡丹的心。深深的伤感,永恒的遗憾,理想和现实的错位,梦境和眼前的反差,都寄寓在一首短短的咏物诗中。

据说张又新才能颇著,但喜爱美女,高中金榜之时,曾狂言:如能携得美人归,宁愿不做官!这在视仕途如生命,视女人如衣服的古代,可谓是一个另类。可是事与愿违,他偏偏娶了一个相貌一般的女子,虽然喜爱美女,色胆却不能包天,所以“从一而终”,没有因为心情不爽而换妻子,最后只有纳一姿色颇佳的小妾,以慰平生之愿。

其实他的妻子就是家花,其他姿色颇佳的女子就是野花,野花总比家花香,野花总比家花美,这里面有审美疲劳在作怪。

自唐代以来,张又新又岂止一个?多少个张又新吃着碗里的,看着锅里的。我想告诉那些“张又新”,碗里的也很不错,好好吃碗里的,这一辈子也很有滋味。

我还想把明代一位叫陆树声的诗人的诗《白牡丹》送给那些“张又新”:洛阳春色画图中,幻出天然夺化工。不泥繁华竞红紫,一般清艳领东风。

对于爱情是这样,对于人生际遇也是这样,关注眼下,也许心情就平和多了。我不愿做张又新,我愿意做梁鸿,蓬头有老妻,正堪度余生。

附：张又新小传。张又新，唐（约公元 813 年前后在世），字孔昭，深州陆泽人，张荐之子。生卒年均不详，约唐宪宗元和中前后在世。初应“宏辞”第一，又为京兆解头，元和九年（公元 814 年），状元及第，时号为张三头。在三次大考中都得第一名，即“解元”“会元”“状元”，谓之“连中三元”，历史上“连中三元”者连他在内仅有 17 人！历左右补阙，广陵从事。谄事宰相李逢吉，名在“八关十六子”之目。逢吉领山南节度，表为司马。逢吉败，坐贬江州刺史。后附李训，迁刑部郎中。训死，复贬申州刺史。终左司郎。初，又新志在得美妻，后娶杨虔州女，有德无才，殊怏怏。后过淮南李绅，筵上得一歌姬，与之偕老。又新嗜茶，著有《煎茶水记》一卷，是继陆羽《茶经》之后我国又一部重要的茶道研究著作。并善写诗文等，有《唐才子传》并行于世。

在时空跨越中的生命慨叹

临 江 仙

陈与义

忆昔午桥桥上饮，坐中多是豪英。长沟流月去无声。杏花疏影里，吹笛到天明。

二十余年如一梦，此身虽在堪惊。闲登小阁看新晴。古今多少事，渔唱起三更。

我十分喜欢陈与义的这首词，最初看到它是在长篇小说《亮剑》中，它与小说的情节密切联系，感人肺腑，我曾多次阅读此诗，流下眼泪。那动人的原因，我认为是在时空跨越中的生命慨叹。

此词上片回忆南渡之前在洛阳午桥上与众多豪杰之士的欢饮情形。豪英在座，月亮高悬，大家高谈阔论，谈笑风生，桥下的流水潺潺淙淙，但并没有引起大家的注意，因为大家谈得太投入了，忘记了时间，忘记了周围的事物。清谈有明月相伴，畅叙有笛声紧跟，杏花纷纷扬扬，落在人们的身上，陶醉了灵魂。

那个时候，金兵没有南侵，社会还暂时太平，在这时相聚，美酒、嘉客、明月、清笛，可以说四美具，二难并，永远的盛会，永远的记忆。上片叙事中有写景，写景使用白描，视听结合，时空结合。长沟流月流动的是时间也是空间，是画意也是诗情。上片的铺陈，为下片的转折和慨叹做好了铺垫。

下片所述时间上由昔转今，空间上由洛阳转回江南，是词人一番深之又深的感慨。时空转换是那么快，二十年弹指一挥间，兰亭已矣，梓泽丘墟，当年的豪英风流云散，现在只剩下自己一人。此时诗人抚今追昔，感慨万端。此身虽在堪惊，一个“惊”字，里面有万千内蕴。我想这里面是否有英雄暮年、功业不建的慨叹？是否有年华逝去、大雁失群的孤独？是否有金瓯残缺、民生艰难的痛苦？是否有英雄凋零、生命短暂的无奈？一场爽雨过后，作者登上小阁，欣赏雨霁后的风景，好像十分闲适，其实这闲适之中有很多言外之意，这真是看透之后的慨叹吗？也许是，但我觉得这里面有更多的人生感慨，有时空转化中的历史沧桑感。

这种时空转换中的生命慨叹是很多的，像“滚滚长江东逝水，浪花淘尽英雄”，像“大江东去，浪淘尽千古风流人物”，像“是非成败转头空，青山依旧在，几度夕阳红”，等等，都具有感动人心的力量。

这首词在艺术上疏快明亮，浑成自然，不假雕饰。作者在抒发悲慨之情时，“不直写事实，而用空灵的笔法以唱叹出之”，能化实为虚，意在言外，耐人寻味。故此词备受历代词论家的欣赏，称其为“神到之作”“笔意超旷，逼折大苏”。

当我在《亮剑》里看到这首诗时，李云龙被批斗而死，田雨在监狱中割腕自杀。而这首词是写在田雨遗物中的一张纸上，田雨利用让她写揭露李云龙材料的纸抄下了陈与义的这首诗。你朗读着这首词，想着英雄征战沙场的情形，想着热血男儿的坎坷经历，想到英雄美人的感人故事，想着顶天立地的汉子被整成那个惨样……这些和杏花疏影，和长沟流月，和三更渔歌融为一体，强烈地震撼我的心灵，使我潸然泪下。

小说很好，这首词也很好，艺术的魅力就是这样令人灵魂悸动，在时空跨越中的生命慨叹耐人品味。

衣不如新　人不如故

“茕茕白兔，东走西顾，衣不如新，人不如故。”此古诗不知何人所作也，初读之便有触电的感觉。

一只孤零零的白兔，向东奔跑，时时回头向西瞻顾，但是自己的伴侣也许已经被猎人打死。此诗前两句是比兴，和“孔雀东南飞，五里一徘徊”一样，使诗歌笼罩上了很浓的离别感伤。下面两句是议论，是诗歌的重点，还是故人好啊，知根知底，知心知肺，知冷知暖。我想这个抒情者，也许是在失去伴侣或者老友之后，神情恍惚，在荒原上，独自行走，喃喃自语：“茕茕白兔，东走西顾，衣不如新，人不如故。”

虽然仅仅是四句诗，但是概括了普世的感情，让人怦然心动，心中涌起复杂的感觉。

我又想起《木兰诗》中的诗句：“雄兔脚扑朔，雌兔眼迷离，双兔傍地走，安能辨我是雄雌？”兔子，常常双栖双宿，这么可爱而没有反抗力的小动物，遭到外界不可抗力的摧残，的确令人同情；而人有时也像这小动物一样脆弱，一样可怜，夫妻本是同林鸟，大限来临各自飞，这种飞走一个留下另一个的情形，令人万分感伤。

乐府民歌中有一首《上山采蘼芜》：上山采蘼芜，下山逢故夫。长跪问故夫：“新人复何如？”“新人虽言好，未若故人姝。颜色类相似，手爪不相如。”“新人从门入，故人从阁去。”“新人工织缣，故人工织素。织缣日一匹，织素五丈余，将缣来比素，新人不如故。”

这首诗也充分证明了“衣不如新，人不如故”。故人虽然美丽能干，但依然被抛弃。该诗通过男女对话，新故对比，突出了故妇的悲惨遭遇。这首诗中的故夫，颇有经济头脑和实用的眼光，但他毕竟已经生发出了一点悔恨之情，这也许会让故妇冰凉的心有一丝暖意，可是杜甫《佳人》诗中的"旧人"就没有那么幸运了。

杜甫《佳人》：绝代有佳人，幽居在空谷。自云良家子，零落依草木。关中昔丧败，兄弟遭杀戮。官高何足论，不得收骨肉。世情恶衰歇，万事随转烛。夫婿轻薄儿，新人已如玉。合昏尚知时，鸳鸯不独宿。但见新人笑，那闻旧人哭。在山泉水清，出山泉水浊。侍婢卖珠回，牵萝补茅屋。摘花不插发，采柏动盈掬。天寒翠袖薄，日暮倚修竹。

此女亦是佳人，奈何佳人薄命，她遭丧乱，失亲人，可谓祸不单行，可是夫婿还是抛弃了她。这个女子，只有幽居空谷，守着自己的悲伤和贫困，终老一生。

有人说，这些事情都发生在"万恶的旧社会"，但是我想无论是什么时代，由于不同原因造成的类似的事情还是有很多。

与其慨叹，不如珍惜现在的拥有，珍惜故人。

苏轼《后赤壁赋》说：已而叹曰："有客无酒，有酒无肴，月白风清，如此良夜何？"客曰："今者薄暮，举网得鱼，巨口细鳞，状似松江之鲈。顾安所得酒乎？"归而谋诸妇。妇曰："我有斗酒，藏之久矣，以待子不时之需。"

有这样知心的好友，有这样知心的老妻，落魄江湖，失意仕途，也有了认真活下去、诗意生活的温情和热力。我希望自己能做到苏轼的境界，能实现"户外雪无痕，白发对老妻"的愿望。

“呵笔”诗意

李白于便殿对明皇撰诏诰，时十月大寒，笔冻莫能书字。帝敕宫嫔十人，侍于李白左右，令各执牙笔呵之，遂取而书其诏，其受圣眷如此。　　　　《开元天宝遗事》

李白召对便殿，撰诏诰。时十月大寒，笔冻。帝敕宫嫔十人，侍白左右，令各执牙笔呵之。　　　　《夜航船》

在到处都是水笔的书桌旁读书，突然看到关于“笔”的一则故事，在《开元天宝遗事》和《夜航船》中都有记载，只是大同小异，都是讲笔曾经受到过的高规格待遇。

在网络时代，在毛笔早已经退出日常书写甚至毛笔的后代也处境堪忧的今天，我们几乎忘记了笔曾经有过这样高规格的待遇。受美人幽兰之气，得诗仙巨手抚摸，那是多么荣耀的时刻啊！

我愿意想象那个场景，愿意复活有关笔的温暖和诗意。

十月天气，滴水成冰，牙笔的汤沐之地——砚台，也被冻成冰凉的黑玉。牙笔也被冻成毛锥子，可以刺穿宣纸，不能书写柔情，更不能草拟无比神圣的诏诰。唐玄宗一声令下，十个姿容俏丽的宫嫔，如片片美丽的云霞聚集在李白身边，伸出纤纤素手，拿起冰冻的牙笔，轻启朱唇，慢呵兰香。

牙笔冰冻的内心应该是一阵战栗，应该感觉到了春天的温暖，就有了萌发的感觉，要在毛锥子的顶上开出一朵盛唐的鲜花。无论是从当时来看，还是从历史的长河来看，虽然时间不长，但这个时刻是十分珍贵的。

那个被皇帝看重，更被历史选择的诗人，拿起笔来，他可以感觉到笔管的温暖，那是一种细腻而舒心的感觉，他可以嗅到墨的芬芳，那种芬芳带着幽兰的气息。牙笔的心已经解冻，唤醒了李白内心的春天，那是已经盼望很久的春天了，于是一挥而就，大作写成。

从那时起，这备受人们珍爱的毛笔，一直认真而郑重地书写着，撑起了一个民族的文化。

当硬笔取代了毛笔，当打字取代了书写，生活在“毛笔书写的文化”里的人们，是否还真能找到呵笔的诗意和郑重？找到每一个字生命的春天？恍惚中，我们是否觉得电脑和网络就是一阵寒风，冰冻了甚至冻死了“笔”以及笔渲染和书写的春天？

在书写这篇短文的时候，我也不是书写，而是打字——电脑打字。

桌子上有一堆水笔，笔筒里有一支秃头的毛笔。

感情深挚 必感天地

——读《陈情表》有感

经过历史的淘汰,时间的打磨,能够留存下来的公文类的表章的确不多,其中就有《陈情表》。

《陈情表》读了好多回,每读一回都会感动一次。前人说“读《陈情表》不下泪者,其人必不忠也”,虽然有些夸大,但是其中也颇有道理。读《陈情表》我想到自己的老太太,她是我爸爸的奶奶,但是和我情同祖孙,因为我奶奶死得早,我小时候父母都很忙,一直是我老太太带我,我童年的记忆中永远镌刻着老太太慈爱的形象。她于 1985 年去世,到现在已经二十七年了,真是时光如流啊。

在《陈情表》中,李密陈述了多种感情,有苦情,有孝情,有忠情,有困情,等等,万般感情上心头,娓娓道来,朴素细腻。

首先是苦情。李密按照时间顺序,从孩提时写起,一直写到自己为人父母。写自己父丧母嫁,写自己幼年多病,写自己门庭衰弱,人丁不旺;写自己孤苦伶仃,无人扶持;写祖母对自己的抚育之恩和祖母现在年老多病的情形,层层铺叙,真是“福无双至祸不单行”,苦不堪言。俗语说“孩子没娘,说来话长”,意思就是没娘的孩子命苦啊,可能是吃百家饭,穿百家衣,这样的倒霉事李密摊上了。过去讲究人丁兴旺,人口多的家庭在当地就有话语权,就不会受人欺负,但是李密却“门衰祚薄”,真是令人慨叹。

其次是孝情。为了报答祖母的养育之恩,他侍奉汤药,尽心尽力;为了尽孝,他多次拒绝朝廷的征召;他使用比喻写出了祖母老境的凄凉,真心地告诉晋武帝如果没有自己的养活,祖母将不能善终;他使用比喻，用“乌鸦反哺”的故事，表达了自己孝亲的拳拳之心。

再次是忠情。他作为蜀汉旧臣，在晋朝为官，是十分凶险的，这一点他十分明白，多次征召不去，已经引起统治者的不满。那是个黑暗的时代，许多有骨气的名士，往往因为自己的清高而被杀，嵇康是个典型的例子，所以李密必须要表个态，所以他表达了对晋的统治者的忠心。这种忠心具体体现在感激之情上，他反复说自己的地位低下、见识短浅，从而突出统治者的恩宠有加。在忠孝两难全的情况下，他提出先尽孝后尽忠的巧妙设想，表达了肝脑涂地也要报答晋武帝的感情，给了晋武帝希望。另外，他还向自己的身上扣屎盆子，说自己本图宦达，不矜名节，不会为已经灭亡的蜀汉守节的，自己有自己的灵活性。这就解除了统治者心中的怀疑，从而不把李密放在对立面去。

最后是困情。尤其是第二段把自己进退维谷的情形写得如在眼前，地方长官的推荐，中央政府的调令，这不是开玩笑的，屡召不应，这是给脸不要脸，也会让统治者产生怀疑，认为他在为灭亡的蜀汉守节，和新的政权对抗。所以他很困惑，很纠结，因为那些官员掌握着生杀予夺的大权，县级长官和地级长官都亲自拜访你，你还摆架子，这不是明摆着自己找不痛快吗？他把自己的委屈和尴尬处境写得十分到位，孝养祖母之诚和郡县逼迫之切形成鲜明对比，给人以深刻的印象。

其实李密不仅仅在陈情，他还在说理，不让他孝养祖母，从人情、事理、国法三个方面都说不通。所以该文是情为表，理为里，融情于事，融理于情，感情真挚，感天动地。

战场上的雄鹰　外交上的菜鸟

——读《鸿门宴》有感

《鸿门宴》是《史记》中的名篇，读了许多遍，总感觉项羽和以往的性格不一样，不是那位“力拔山兮气盖世”的西楚霸王，倒像一个温柔犹豫的小绵羊。其实不是项羽性格变了，而是斗争的场景变了，项羽在这种场景中他的高强武艺是使用不上的，这种场合是斗智，而非项羽擅长的斗力，所以他处处被刘邦迷惑牵制，最后由主动变成被动，失去了一次外交场合的应该获得的重要胜利。

项羽是战场上的雄鹰，是外交上的菜鸟。

他曾经叱咤风云，跟从叔父吴郡起义，力敌几十个敌人；他曾经坚决果断，杀宋义夺宋义的军队领导权；他曾经领着八千子弟兵，破釜沉舟，大战章邯，打败秦朝的主力；等等。他的确膂力超人、力能扛鼎，在战场上他的确有卓越的军事指挥才能，可是在外交场合他确确实实是一只顶级的菜鸟，理由如下。

一、判断力奇差，真假不辨

曹无伤说刘邦要在关中称王，让子婴担任宰相，占有了所有的宝物；范增说刘邦原来贪财好色，如今不取财物，不恋女色，志向不小；刘邦自己和樊哙说，财物一点都没有取用，封闭宫室，为项羽当保管员。在是否掠夺和占有财物这个问题上，说法截然相反，肯定只有一个是对的，但是他一律认为是对的，不是大怒，就是默然，没有一点判断力。判断力的缺失直接影响着他在外交上的行动，也直接影响着他的战争计划，人家说战场是外交的延续，这完全正确。

范增认为刘邦不取财物，不恋女色，是在收买人心，志向不小；刘邦自己说，财物一点都没有取用，封闭宫室，为项羽当保管员。这两种观点也截然相反，必有一个错误，而且刘邦的话明显是个弥天大谎，连小孩都能听出来，项羽却被刘邦几句甜言蜜语哄骗了。说被刘邦哄骗可以，其实项羽是被自己的虚荣心蒙住了眼睛。

另外，项伯夜访张良，泄露了军事机密，这是很容易判断出来的。当项伯为刘邦求情的时候，他不但没有这种政治的敏感，而且还被亲情蒙蔽了心智，并答应了项伯的要求，甚至还十分信任和重用项伯这个奸细。

判断力奇差，政治神经极为迟钝，这和出色的军事才能形成鲜明的对比，让人为他的军事才能赞叹，为他的政治和外交的无能扼腕。

二、贪图虚名，缺少警惕

刘邦能言善辩，在鸿门宴上巧妙地隐藏了自己的政治目的。他对项羽说的那一番话真是巧妙，他想和项羽称兄道弟，然后向项羽示弱，说自己先入关是侥幸，这就是暗中抬高项羽，刘邦拍项羽的马屁，而且不露痕迹，这是老奸巨猾。

再看项羽被拍得十分舒服，善待刘邦，留刘邦吃饭，自己高居尊位，以一种大哥俯视小弟的眼光看刘邦，他哪里知道比项羽年龄大许多的刘邦肚子里的道道很多呢！所以他在鸿门宴上像是一个木头人，反应迟钝，坐视良机错失。

项羽在《垓下歌》里炫耀自己的武力，可见他一直相信拳头可以征服世界。他喜欢别人赞扬他的"武功"，所以当樊哙以武士的形象展示在他的眼前时，他十分欣赏，惺惺相惜，赐酒赐肉赐座，还原谅了樊哙的无礼和对自己的斥责，与樊哙相比项羽拥有勇和义，就是缺少了智，缺少了权术。一味地崇尚武力，对钩心斗角的政治斗争缺少最基本的了解，对敌人缺少最起码的警惕，贪图虚名，自高自大，根本没有把对方放在眼里，最后还把失败归于"时不利""天亡我"，难道不是很可悲的吗?

三、君臣失谐,步伐错乱

刘邦有政治野心,他在关键的时候毫不保留地告诉了张良,虚心地向张良询问计策;鸿门宴上樊哙说的话的精神实质和刘邦是一致的,张良能够抓住时机叫樊哙,能够在刘邦安全以后才入帐道谢等等,这些都表明刘邦这边君臣的行动是经过事先筹划的,是一致的。

但是看看项羽,军事机密泄露的情况没有和自己的第一谋士范增商量,而范增的行动也是擅作主张,项羽没有给予大力的支持。作为一个领袖要察纳雅言,广开言路,而项羽独断专行,不能做到君臣一体,做事没有协调性,在鸿门宴上项羽方步伐错乱,致使刘邦有机可乘,而且为以后离间项羽方的君臣关系留下了隐患。

总而言之,项羽是一个铁血英雄,但绝不是一个政治家。他有成为铁血英雄的先天条件,但是他也缺乏成为政治家的先天素质。凭借着武力能够统领诸侯,自称霸王,也已经是武力成就的顶点了,所以项羽只能是战场上的雄鹰、外交上的菜鸟。

《雷雨》的魅力

这是一种高度,至今还没有谁能够超越;这是一个榜样,许多人去仿效;这是一部经典,让人震撼、纠结。它就是《雷雨》,曹禺 22 岁时的作品。

我认认真真地看了全剧,我觉得剧本比电影、话剧、电视连续剧都精彩。人物的每一句话都拨动着我的心弦,人性、尊严、生命等人生的命题在我的脑海中反复呈现、碰撞,引发我恒久的思考;爱情和亲情、卑鄙和高尚、秩序和混乱等词语像千万只狂奔的骏马在我心灵的原野奔驰而过,我的心震撼震撼震撼,纠结纠结纠结。为什么《雷雨》有这么大的力量呢?我觉得那些呆板僵化的分析不足以解释原因,但是我又找不到一种鲜活的解释揭示我心中的困惑,只有用错乱的词句,表达我的思考。

一、血缘的纠葛,爱情的错位

1. 周萍和蘩漪的爱情错位

一个是后母,一个是儿子,儿子和后母产生了恋情,而且还有了实质性的内容,从世俗的角度来讲这就是乱伦,这种恋情是一杯甜蜜的美酒,饮下时是甜蜜的,结果肯定是苦的。蘩漪可能从来没有后悔过,这个受过新思想影响,而且具有叛逆精神的女性,并不认为和周萍发生恋爱关系并有了实质内容是对丈夫的背叛,她更认为这是对周朴园这个伪君子的反抗,这种关系她想保持下去,但是懦弱而且受到封建伦常思想影响的周萍绝对不可能同意。蘩漪把周萍当成救命稻草,周萍却时时把这种关系看成罪恶,急于摆脱,又把四凤当成自己的救命稻草。所以当母子兼情人的周萍和蘩漪相见时，一个要逃，一个要追，一个要弃，一个要保，一个冷淡，一个热情，一个深感罪孽深重，一个害怕精神无所归依，一个想从世俗伦理去责备，一个又紧紧抓住对方的要害反击，一个深深自责并低声下气请求原谅，一个振振有词讽刺并希望维持关系，二人内心感情的复杂和纠结，错位爱情的冲突和缠绕，冲击着人的心灵堤岸，产生震撼和深思。

很明显，曹禺受到了《俄狄浦斯王》的影响，杀父娶母的故事转变成母子私通，感情的相通导致的肉欲满足和伦理的规则激烈冲突，直接击打人们心灵深处潜意识认为的合理诉求，把人们最隐蔽角落的人性的丑陋曝光在现实的阳光下，人们的内心布满新鲜的疼痛。

2. 周萍和四凤的爱情错位

周萍认为自己和继母的私通是罪恶深重，所以他想逃避和洗刷，而和四凤的恋情像干净的阳光可以驱赶他心中乱伦的阴影，所以他把四凤看成救命稻草和一副良药，做着正常恋爱合理结婚的美梦，想用此和过去的阴暗永远说再见。所以他和四凤恋爱并结合，四凤还怀了他的孩子，但是他万万没有想到四凤是自己同母异父的妹妹。当他知道这种血缘关系以后，他就觉得自己已经陷入万劫不复的地狱了，只有用死亡这种方式逃避和解脱了，而四凤也不能接受这种现实，被电电死是一种偶然，也是一种必然。

血缘的纠葛，爱情的错位，人人都在和命运搏斗，但人人的命运都已经被注定。尽管你挣扎，但是你的命运还是注定毁灭，这实在是人生的无奈，生命的尴尬啊。

二、人性的异化

周朴园是一个坏到底的人，在他的身上很难找到人性了，那样对待自己的妻子，那样对待自己的儿子，金钱已经使他彻底异化，兽性在他的身上凸显。

曹禺说，周朴园是一个坏到底的人，他坏到了自己都不知道自己很坏的地步。他之所以变坏，金钱在其中起了很重要的作用，为了赚钱他让江桥出险，每个小工他扣十块钱，所以鲁大海说他赚的是断子绝孙的昧心钱。

婚变，谁之过？

如果说《静女》是甜蜜恋爱之花，那么《氓》就是婚姻苦涩之果，两首诗放在一块就是先民婚恋生活的完整情节。这种选择和组合，是在给高中生传递一种什么样的信息呢？是否是恋爱很甜蜜，结果会很苦，所以不要过早地踏入这条河呢？这些且不说，先说说《氓》中婚变的原因。

《氓》是一个弃妇的独白，她回顾了自己的婚恋生活，沉痛地控诉了自己三心二意的丈夫，控诉了丈夫的家庭暴力。从这个角度看，婚变应该是"氓"的罪过。从全诗来看，氓确实是一个花心的男人，对于女主人公是始乱终弃，他抱着布匹换丝，只是一个借口，所以这个人表里不一，善于伪装。这个人用情不专，看到自己老婆徐娘已老，风韵全无，就二三其德。婚变，氓之罪，好像是很确凿的事实。

《氓》是抒情主人公的独白，是一方之言，男子没有跳出来申辩，所以对女子之言应该加以思考。但是，即使是一方之言，诗中女子也埋怨了自己，并劝告其他女子不要过于沉湎爱情，不然就难以从其中脱身，这是自己经历了婚变后的教训总结，从这点来看，女子也应对婚变负有一定的责任。当初她过于热情啦，又是劝解，又是相送，又是许诺，又是盼望，又是激动，又是痛哭流涕，这给男子爱情很容易得到的错觉，容易得到就会不怎么珍惜。俗语说"男追女，隔重山；女追男，隔层纱"，男子对于很容易得到的爱情，弃之如敝屣，也是当初女子行为的一个必然结果。

另外，我们从文中可以推测女子和男子的身份。女子应该是个采桑女，因为当初氓以换丝为借口来商量婚事，还有女子用桑叶比兴，应该是使用了身边最为熟悉的事物。这位采桑女生活在乡间，她生活的空间很有限，接触的人也可能比较少，所以她应该朴实、实在，而氓应该已经脱离了土地，以经商为业，四处游荡，见多识广，接触的人也比较多，有了见识，就有了比较，有了比较就可能导致心理失衡，当采桑女红颜老去，氓当然不愿守着这份爱情。后人说“商人重利轻别离”，此言是也。

婚变，谁之过？罪责不能让某一个人承担，是综合性的因素导致这枚婚姻的苦涩果悬挂在《诗经》的枝头，启示着后代人去打好自己的婚姻保卫战。

静女不文静

《诗经》中有《静女》这首诗，它描写了青春男女“人约黄昏后”的情形，表现了爱情的甜蜜。很多资料注释“静”是文静的意思，我觉得有道理，但是不全面。

文静是什么意思，文雅安静，从诗中可以看出姑娘的文雅，因为她赠给了小伙子红色的箫管，由此可以推测姑娘是一个爱好音乐的人，箫声悠扬，情人共赏，确属文雅之事。

但是美丽少女的安静我却看不出来，或者说只是诗歌的抒情主人公自己说是静女。这次约会是少女先到，可以看出她的积极主动，她到了以后不是在那里安安静静地等，而是藏了起来，让小伙子找不到，十分心急，这不是文静，而是调皮，我推测她还可能突然从藏的地方跳出来，故意吓小伙子一下呢！

她赠给小伙子箫管、赠给小伙子茅草，表现了她的深情，但是也告诉我们，小伙子对于男女之情还处于懵懂状态，而少女对于男女之情事已经看得很清楚、很明白，深情赠物是她在启发小伙，从这个方面说她是小伙子爱情的启蒙者，所以我实在看不出少女的文静。我觉得她的美不在于文静，而在于健康、清晰、明朗的爱。她为什么赠送给小伙子箫管和茅草呢？因为箫管在爱情中是男性的代表，这表现了少女对小伙的爱，而草在古代常常用来比喻情思，这也许是在向小伙表明自己对小伙的思念如那初生的嫩草是生长着的，这可以看出少女的心事是很细密的，而这些心事是那个傻乎乎的小伙子猜不出来的，所以姑娘是一个细心人。

另外，这个姑娘是城市少女吗？显然不是。她从放牧的地方采来嫩草赠情人，而他们又是在城边约会，所以姑娘应该是一个农村的姑娘，健康、美丽、细密、活泼，而这对恋人的相爱是一种健康的美丽的爱，是没有受到工业文明污染的农业社会中的爱，它散发着阳光的味道、青草的味道。当现代的爱情被高耸的大楼积压在城市底层，当曾经的浪漫被染上炫目的霓虹灯的迷离，当男女的情事被过重的生活压力赶进蜗居中时，这份从远古流传下来的健康爱情难道不被现代的人们所羡慕吗？

静女不是文静的少女，是一个性格健康、感情阳光的少女，是我们的老祖先，是我们爱情的模范。文静也许是其表，热烈才是她的内里。

黛玉衣着描写之初探

“林黛玉进贾府”是林黛玉第一次正面出场。在这一回中,熙凤、宝玉的衣着描写着墨很多,甚至连一些小丫鬟的衣着也描写了,但是偏偏没有写林黛玉的衣着,这究竟为什么呢?

在这一回里,曹雪芹主要是通过别人的眼睛写黛玉,尤其通过宝玉的眼睛和感受去写,以便与“无才补天的石头幻影入世”及“木石前盟”两个神话相照应。

脂砚斋批注曰:“不写衣裙妆饰,正是宝玉眼中不屑之物,故不曾看见。黛玉之举止容貌,亦是宝玉眼中看、心中评。若不是宝玉,断不能知黛玉是何等品貌。”认为不写衣着,一是因为宝玉不看重黛玉的衣着,根本没有把衣着放在眼里,这既是写黛玉,也表现了宝玉的品行;二是不写衣着,正突出了宝玉对黛玉容貌举止的看重,这也契合了宝玉“女儿是水作的骨肉,男人是泥作的骨肉。我见了女儿,我便清爽;见了男子,便觉浊臭逼人”的观点。

脂砚斋的确是曹雪芹的知己,对作者这样安排的匠心体会颇深。就像开头戚蓼生的序里所讲:“吾闻绛树两歌,一声在喉,一声在鼻;黄华二牍,左腕能楷,右腕能草。神乎技也,吾未之见也。”此中的绛树,为古歌女名。据说,绛树表演时,可同时演唱两支歌,一声在喉,一声在鼻,使二人听之,此两声皆不乱也。黄华是个能两手同时写字的书法家。绛树、黄华用以形容技艺神乎其神,引申为才华出众。曹雪芹这样安排,不写林黛玉的衣着,真是神乎其技,一箭双雕,同时表现了书中的两个重要人物。

但是胭脂斋的批注并不能完全让人信服,因为在这一回中,通过别人的眼睛写林黛玉，也没有写衣着。通观《红楼梦》前八十回，写林黛玉衣着的文字寥寥，而写宝玉、熙凤、宝钗等人衣着的文字却很多，这是为什么呢？

比如第八回“比通灵金莺微露意　探宝钗黛玉半含酸”，此回是宝、黛、钗情事的集中描写，通过宝玉的眼睛写到薛宝钗的衣着：“宝玉掀帘一迈步进去，先就看见薛宝钗坐在炕上作针线，头上挽着漆黑油光的纂儿，蜜合色棉袄，玫瑰紫二色金银鼠比肩褂，葱黄绫棉裙，一色半新不旧，看去不觉奢华。唇不点而红，眉不画而翠，脸若银盆，眼如水杏。罕言寡语，人谓藏愚，安分随时，自云守拙。”共用三十三个字写宝钗衣着，由上到下，颜色、料子、质地写得很细。而写到黛玉的衣着，只一句：“宝玉因见他外面罩着大红羽缎对衿褂子。”只用了八个字，而且写衣着重点是为了推动情节的发展，为下面黛玉“半含酸”服务，而不是用来表现人物。

所以，我觉得不着重写黛玉的衣着，而着重写黛玉的容貌、神态、才情、性格，应该是曹雪芹一个整体的构想和安排。当你问读者，林黛玉穿的是怎样的衣着时，可能有许多种答案，但都不会背离她的性格。这样安排的效果极佳，人们的心目中的林黛玉应该是“玉为肌骨水为神，淡淡愁眉迷煞人”的形象。

第二十五回“魇魔法姊弟逢五鬼　红楼梦通灵遇双真”里写到薛蟠见到黛玉：“忽一眼瞥见了林黛玉风流婉转，已酥倒在那里。”用“风流婉转”四字写其特质，用薛蟠酥倒写黛玉美的威力，正面写衣着如何能及这种效果。

虽然作者不写黛玉衣着，但是其服饰的局部、其某些用具还是要写的，作者通过这一鳞半爪，很好地表现了黛玉的气质、精神、才情。

第十九回“情切切良宵花解语　意绵绵静日玉生香”，写到黛玉的衣袖：

宝玉总未听见这些话，只闻得一股幽香，却是从黛玉袖中发出，闻之令人醉魂酥骨。宝玉一把便将黛玉的袖子拉住，要瞧笼着何物。黛玉笑道："冬寒十月，谁带什么香呢。"宝玉笑道："既然如此，这香是从那里来的？"黛玉道："连我也不知道。想必是柜子里头的香气，衣服上熏染的也未可知。"宝玉摇头道："未必。这香的气味奇怪，不是那些香饼子、香毬子、香袋子的香。"黛玉冷笑道："难道我也有什么'罗汉''真人'给我些香不成？便是得了奇香，也没有亲哥哥亲兄弟弄了花儿、朵儿、霜儿、雪儿替我炮制。"

写衣袖是为了写香气，这香是少女的体香，是绛珠仙子的芬芳，是少男少女互相吸引的梦幻感觉。这样写很有神韵，颇有意味，照应黛玉前世身份，表现少男少女间的温情甜蜜，很好表现了人物的性格。

例如，还写到黛玉的花锄和花囊，这两种用具可以说是黛玉精神的外化、生命意识的体现，是她行为艺术中不可缺少的东西。

按照刘心武先生的说法，作者还应该写到黛玉的玉带，她沉水自杀前，应该把玉带挂在林中了，如果真的那样，也是一种诗化了的行为。

总而言之，不写衣着重精神是曹雪芹对林黛玉人物塑造的总体构想。由于这种构想的合理有效的实施，使得林黛玉的形象血肉丰满，永远鲜活。

相互映衬美"红楼"

映衬,是利用客观事物之间相类或相反的关系,以次要形象映照衬托主要形象的写作技法。映衬有正衬和反衬两种形式。所谓正衬就是以真衬真,以美衬美,以善衬善,它应该是同一方向的衬托;而反衬是以假衬真,以丑衬美,以恶衬善,它是相反方向的突出。衬托以对比为基础,而有主次之分。

《红楼梦》中映衬比比皆是,而且运用得十分娴熟,达到了很高的艺术水平。其映衬的表现主要有以下几种形式。

1. 虚实衬

《红楼梦》一开始就写到两个虚幻的环境:大荒山无稽崖青埂峰和太虚幻境。前者是凄凉、冷落、萧瑟的,是无才补天的大石头所处的环境;后者是美丽、缥缈、虚幻的,是警幻仙子、绛珠仙草、痴梦仙姑、钟情大士、引愁金女、度恨菩提等仙女生活的地方,也应该是神瑛侍者工作过的地方,是"幽微灵秀地,无可奈何天"。

这两个虚幻的场景映衬着现实的场景,大荒山无稽崖青埂峰衬托出了现实中贾府的繁华,突出了"花柳繁华地,温柔富贵乡"的热闹、奢华,一冷一热,一虚一实,一因一果,相互映衬,给人无限的深思:也许就是这世间的繁华,使得无数痴男怨女忍受不了前世的清冷和寂寞,而托生到人间。

太虚幻境,隐喻着大观园,因为都是女儿生活的地方,又相互映衬,以太虚幻境之美衬大观园之美,用太虚幻境之假衬大观园之真,以太虚幻境之因衬大观园之果。太虚幻境是音乐厅,宝玉在这听到优美的歌曲;太虚幻境是档案库,宝玉在这看到暗示大观园女儿命运的判词;太虚幻境是性教育的殿堂,宝玉在此娶可卿;太虚幻境是佛堂,宝玉听到当头的棒喝、回头的喊声。太虚幻境有太多的隐喻意义,和现实有着千丝万缕的联系,太虚幻境和大观园就是风月宝鉴的正反两面,彼此相衬,妙用无穷。

另外,虚和实两个世界有联络人员,多次出现的是生的骨骼不凡、风神迥别的一僧一道。他们是桥梁,是通道,时时连接起虚实的世界。他们携带凡心偶炽的石头入世,他们要讨走有命无运的英莲,他们诉说木石前盟的故事,他们度脱甄士隐,他们用风月宝鉴给贾瑞治病,他们送给薛宝钗金锁,他们给了制作冷香丸的方子等等。这样虚实相衬,又时时联系,十分巧妙,给人亦真亦幻的感觉,符合生命的体验,有着很强的艺术魅力。

2. 真假衬

虚实和真假相依相伴,就像太虚幻境里的那副对联:"假作真时真亦假,无为有处有还无。"所以在《红楼梦》中,真假相衬的情况很多,十分典型的有两组。

(1) 甄士隐和贾雨村

在这两个人物的命名上,作者使用了谐音的手法,真事隐去,假语存在。文中的甄士隐是个品质高尚的读书人,最后看破红尘,出家而去;而贾雨村是个没有品节的读书人,知恩不报,攀龙附凤,贪污受贿,是个奸雄的形象。甄士隐和贾雨村两人的互相映衬,相得益彰,很有味道。这也符合哲学的精神,给人对世相的觉悟,对人生的领悟。

(2) 甄宝玉和贾宝玉

贾宝玉说:"女儿是水作的骨肉,男人是泥作的骨肉。我见了女儿,我便清爽;见了男子,便觉浊臭逼人。"这是贾宝玉的宣言,是贾宝玉的原则,他到处宣扬,连冷子兴这个外人都知道了他的宣言。他是这样讲的，也是这样做的，自己淋着雨，却劝别人别淋着了；关心着贾府的那些女孩子们，关心着贾府外面的女孩子们，连一个农家女孩和袭人的表妹他都时刻关心着。在那个大男子主义居于主动地位的时代，敢于这样说难能可贵，敢于这样做更是惊世骇俗，怨不得当时很多人不理解。

甄宝玉说："必得两个女儿伴着我读书，我方能认得字，心里也明白，不然我自己心里糊涂。"又常对跟他的小厮们说："这女儿两个字，极尊贵，极清净的，比那阿弥陀佛，元始天尊的这两个宝号还更尊荣无对的呢！你们这浊口臭舌，万不可唐突了这两个字，要紧。但凡要说时，必须先用清水香茶漱了口才可，设若失错，便要凿牙穿腮等事。"

甄宝玉挨打时，大叫姐姐妹妹，认为可以止痛。

两个宝玉，怎的如此相似，简直是一个模子里刻出来的，《红楼梦》中只有一块石头，却有两个宝玉，其实两个宝玉是二位一体的，反映的应该是现实生活中的一个人。这样设计，相互映衬，很好地表现了主人公的性格——尊重女性，有很强的反抗性，不符合封建礼教的规定和限制。这样也使主人公的形象血肉丰满，还让人对现实生活中人物的原型产生了兴趣，使索引派考证了多少年。

3. 美丑衬

这是一种反衬，这种情形在《红楼梦》中比比皆是，试举两个例子说明。

(1) 王熙凤自身美丑的衬托

王熙凤一出场，作者就详细地描写了她的衣着，头上身上衣着首饰，浓墨重彩，极力铺叙，真是恍如神仙妃子，但是我们看看这位恍如神仙妃子的人做的都是什么极其无耻的事：害死贾瑞，害死尤二姐；为了两千两银子拆毁人家的美满姻缘，致使两个年轻的生命凋零。如果说贾瑞之死是咎由自取，尤二姐损害了她的利益也该死，那么金哥和长安守备的公子并没有招她惹她，为了一点银子害了两条性命，真是罪大恶极。

王熙凤是天生的干公务员和领导的材料，她很美丽，也很有才能，但是嘴甜心苦两面三刀，的确不能让人恭维。文章固然突出了她的才华，但也用她的美衬托了她的丑，强烈的反差，鲜明的对比，错位的品行，很好塑造了人物的形象，启发人对社会和人性的深入思考，艺术魅力极大。

(2) 薛蟠和贾宝玉的衬托

薛蟠很坏，这毋庸置疑，可是薛蟠是个呆子，有呆子的可爱之处，他的危害性和杀伤力远远逊于王熙凤。薛蟠是个直肠子，有啥说啥。

有一次，贾宝玉、薛蟠、冯子英、琪官聚会，席间猜拳行令，用口头诵诗这种很文雅的方式进行。贾宝玉说道："女儿悲，青春已大守空闺。女儿愁，悔教夫婿觅封侯。女儿喜，对镜晨妆颜色美。女儿乐，秋千架上春衫薄。"多么文雅，流露出对女子的尊重；而薛蟠却说"女儿悲，嫁了个男人是乌龟。""女儿愁——绣房撺出个大马猴。"令人拍案笑出眼泪，丑的极丑，美的极美，就是因为有了这美丑的对比和映衬。

法国大文豪雨果在其《克伦威尔序言》一文中，提出了著名的"美丑对照原则"，他的《巴黎圣母院》就是运用这一原则的典范作品；美丑对照原则，是遵循了对比逻辑，没有改变事物本身的性质。其实中国古典小说也早就使用了这一原则，曹雪芹是使用这一原则的高手，往往不露痕迹，却有着极大的感染力。

4. 主仆衬

主仆关系是《红楼梦》中最普遍的一种关系，主仆本身就有主次之分，在作品中更是以仆衬主，以次衬主。

贾宝玉和茗烟就是一个主要的例子。上行下效，是一个真理。第十九回"情切切良宵花解语　意绵绵静日玉生香"写到贾宝玉到宁国府玩耍，要去看一个画上的美人，要去陪陪这个画上美女，怕她孤单寂寞，遇到茗烟和一个叫万儿的女孩亲热。这个情节明显是以茗烟衬托宝玉，由于这种衬托，下面文章才顺利引出宝玉到袭人家去的故事。

宁国府的那些仆人，为非作歹，胡作非为，不就是受主子的影响吗？主仆互相映衬，突出了各自的特点，给人留下了深刻的印象。

5. 父子衬

《红楼梦》中父子衬的情况也很多，贾政和宝玉，贾珍和贾蓉，贾赦和贾琏，这里面有正衬也有反衬。例如贾赦和贾琏，父亲年龄这么大了，还想纳妾，把目光盯着贾母身边的鸳鸯。上梁不正下梁歪，有其父必有其子，贾琏纳尤二姐为妾，不就是深受他父亲的影响吗？

《红楼梦》中映衬运用之多之娴熟，在古典作品中真可以说是很优秀的，如果结合此去阅读，你会获得更多的阅读快感。

《西游记》就是一个局

《西游记》全称是《西游释厄记》，这个名称很重要，比缩略的名称蕴含更多信息。西游的目的是释厄，厄就是罪，就是说西游的目的是赎罪。通过取经，将经书传到东土，既是自救，也是救人。

西游取经小分队的四个人全部都有"罪"，他们去取经的最为切近的目的就是赎罪。唐玄奘是金蝉子转世，他是佛祖的学生，因为不注意听讲，被罚下界，有罪；孙悟空大闹天宫，被压在五行山下，有罪；猪八戒是天蓬元帅，调戏嫦娥，被贬下界，有罪；沙和尚是卷帘大将，失手打了琉璃盏，被贬下界，有罪。所以他们西行取经，都有赎罪的意思。

但是这个小队的构成很值得品味，应该说还是比较复杂的，代表了两个体系。

唐僧是如来佛的弟子金蝉子，因为不注意听经被贬下界。其实上课不注意听讲，也不是什么大不了的罪过，但是竟然遭到这么严重的处罚，这个应该有佛祖的思考和计划在里面。一个方面是处罚一下金蝉子，另外一个方面是在东土大唐安排一个人，将真经传到东土，所以金蝉子是如来传经这一宏大计划中的一个棋子。

从整部作品来看，金蝉子取经的决心很大，妖魔鬼怪，美女江山，都没有吸引住他，与其说他赎罪的意识很明确，不如说他立功的愿望很强烈。我们不能否定唐三藏普度众生的美好善良的愿望，但是也不能忽视他赎罪和立功的强烈愿望。

佛祖要把大乘佛法传到东土，使释教发扬光大，这是无疑的，那么他有没有提前和金蝉子商量这一计划不可知，也许有商量甚至有许诺，就是说如果金蝉子承担这个任务获得成功，会得到大的善果，会成仙成佛,这个巨大的成就也应该成为玄奘取经的巨大动力之一。这应该是吴承恩设计的一个想法,虽则和现实情况不一样。

所以唐三藏代表的是佛教这一个系统。

猪八戒和沙和尚都属于天界,无疑是来自道教的天庭,一个是天蓬元帅,一个是卷帘大将,都是玉皇大帝的身边人,但是都因为不大的所谓罪过被贬下界。玉皇把他们贬下界,好像并没有给他们立功赎罪的机会,结果都被代表佛教的观音菩萨争取过去,成为取经传法的干将。

他们代表着道教的系统,但是却被佛教争取过去,这是不是体现了佛教比道教的高超之处,我不敢下断语,但是应该含有这个意思。道教的抛弃的罪人,成了佛教拯救的对象,不正体现佛教普度众生的理念吗?

也许猪八戒就是取经队伍里的潜伏者,是玉皇派过来的,拿着上宝沁金耙,要打烂孙悟空的铜头铁脑,但是后来发现那猴子的脑袋很硬,不能为玉皇出气,只有继续潜伏下去,后来发现这边的佛教体系还不错,于是将错就错,再也不回到那边的道家体系了。

再说孙悟空,他是代表哪个系统呢?我认为他是代表佛教的。

首先,从他拜师开始说,第一个师傅是菩提祖师,西游记里还写成须菩提,有的资料说须菩提就是如来的弟子之一。有的说菩提和佛教息息相关,如来菩提树下悟道成佛,菩提后来就成了佛教智慧的代称,那么菩提祖师就是如来的化身,还有的说菩提祖师是如来的师祖。不管怎么说孙悟空的第一个师傅肯定和佛教有关,而且看看悟空的名字,很典型的佛家名字,还含有佛教的理念,让猴子去领悟空无,而空无就是佛教的主要理念。

其次,看看孙悟空在菩提祖师那里的排行,有十二个字:广大智慧,真如性海,颖悟圆觉。这分明是佛教的内容嘛!

再次，看看菩提祖师的教学内容，这里面有道教内容，有九流的内容，有佛教的内容。这些孙悟空都不学，他要学长生不老的本领，而最后菩提祖师传授他的是七十二变和筋斗云，七十二般变化是惹祸的本领，筋斗云是逃跑的本领，菩提祖师交给孙悟空这些东西，直接影响着他以后的命运，这绝非自然而是人为。

还有孙悟空借以出生的那块石头哪里来的？有人说是女娲娘娘炼石补天留下的，文中没有依据，我倒觉得很像是佛祖为了自己传经的大计划而制造的。或者说是自然造化，但被如来选中，一个没有后台，出自山野，罪行极大的妖精，经过修炼最终成佛，还有哪一个事例比这个典型，还有哪一个事例更能说明佛教的巨大感化力量吗？

所以从小说来看，作者设计这些情节就是为了说明《西游记》就是一个局，是释迦牟尼为了传经弘法设的一个大局。无论是谁，就是神通广大的孙悟空也逃不过如来的手掌心。

《西游记》的宇宙形成论及作用

《西游记》的开头写灵猴出世、学艺和大闹天宫的情节,由于大闹天宫太精彩了,以致很多人忽视了灵猴出世前的一段议论说明文字,很多人也许根本就是跳过不看,从而错失很多阅读的乐趣。开头的这一首诗和一段文字不可忽视,里面表明的是中国古人的宇宙形成理论。

宇宙,是古人常用的一个概念。宇就是空间,宙就是时间。《淮南子·齐俗训》:"往古来今谓之宙,四方上下谓之宇。"现在天文学一般认为宇宙就是所有时间、空间和物质的总和。《西游记》关于宇宙形成的论述,和现代天文学有一些相似之处。

1. 说明了宇宙未形成前的状态

"混沌未分天地乱,茫茫渺渺无人见。"认为宇宙未分之前,宇宙的状态是一种混沌,天地一片混乱的状态,应该是没有时间、空间和物质的,也应该没有光,天地是一片黑暗。但是这种状态古人没有什么科学的依据,只是想象、推测。

2. 按照时间顺序介绍了宇宙的演化

首先,作品认为宇宙的形成要经历漫长的时间。作品说:"盖闻天地之数,有十二万九千六百岁为一元。将一元分为十二会,乃子、丑、寅、卯、辰、巳、午、未、申、酉、戌、亥之十二支也。每会该一万八百岁。"宇宙就是按照十二会的时间顺序演进的,但是这个演化又不是从子会开始。

其次,作品介绍了宇宙演化的过程。演化的开始是从戌会开始介绍,这个时间“天地昏蒙而万物否矣”,就是说天地变得昏暗万物都灭绝了,“再去五千四百岁,交亥会之初,则当黑暗,而两间人物俱无矣,故曰混沌。”这个阶段是从灭绝到纯粹的黑暗,宇宙处于一种寂静混沌状态。这是第一个阶段——万物灭绝、天地混沌状态。

第二阶段——准备阶段:“又五千四百岁,亥会将终,贞下起元,近子之会,而复逐渐开明。邵康节曰:‘冬至子之半,天心无改移。一阳初动处,万物未生时。’到此,天始有根。”就是说到了子会这个时间点,天地得到阳气,逐渐开明,这个时候,天始有根,就是说天具有了形成的条件,是宇宙形成的准备阶段。

第三阶段——上天形成阶段:“再五千四百岁,正当子会,轻清上腾,有日,有月,有星,有辰。日、月、星、辰,谓之四象。故曰,天开于子。”这就是天地开辟,宇宙开始形成,出现了日月星辰。但是这天地开辟的外力来自哪里?在卷首诗里说道“自从盘古破鸿蒙,开辟从兹清浊辨”,将这种驱动力想象成一个巨人斧头的力量。

第四阶段——大地形成阶段:“又经五千四百岁,子会将终,近丑之会,而逐渐坚实。《易》曰:‘大哉乾元!至哉坤元!万物资生,乃顺承天。’至此,地始凝结。再五千四百岁,正当丑会,重浊下凝,有水,有火,有山,有石,有土。水、火、山、石、土谓之五形。故曰,地辟于丑。”这个阶段不但大地变得坚实,而且大地上出现水火山石土这五种形态。

第五阶段——万物形成阶段:“又经五千四百岁,丑会终而寅会之初,发生万物。历曰:‘天气下降,地气上升;天地交合,群物皆生。’至此,天清地爽,阴阳交合。再五千四百岁,正当寅会,生人,生兽,生禽,正谓天地人,三才定位。故曰,人生于寅。”这个阶段阴阳交合,生育出万物,包括人类。这里并没有讲到女娲造人的故事。

讲到这个阶段,作者就不再讲下去,如果按照文字推测,宇宙下面的演进应该是繁荣和衰落。

3. 认为宇宙的演化具有循环的特点

通过第二点的分析，可以看出古人认为宇宙是循环演进的，宇宙具有从生到死的特点，这个宇宙消亡了，下个宇宙就会从准备阶段，到出生再到繁荣。这可能是人的生命历程在宇宙形成论上的投射。

4. 这段宇宙形成的论述具有朴素的唯物主义特点

虽然在卷首诗里将宇宙形成的外力归结为神灵，但是在整个论述中没有提到任何一位神灵，而是引用了《易经》、邵康节等的话作为证据。从文字来看论述宇宙的形成主要依靠阴阳这种力量，是自身力量促使其演变的。作者认为宇宙的演化是一个从无到有、由气到物质的过程。

不可否认，这段文字受到了盘古开天辟地故事的影响，但是很明显弱化了盘古的作用。

那么这段宇宙演化的文字放在《西游记》的开始，其目的和作用是什么呢？我觉得这段文字表现了古人对于宇宙探索的兴趣，表现了人类对于天地自然之玄妙的敬畏。把孙悟空的故事放在这样一个宏阔和深邃的背景下，更能吸引读者的兴趣，也更能表现人的力量的伟大。渺小的人类在这样一个亘古的时间和无垠的空间里，探索自身的秘密，承担自己的责任，拯救芸芸众生，向这个难以言状的宇宙证明自己的存在和力量，这不是更能激起人类探索和挑战自然的豪情壮志吗？

宇宙是神奇的，灵猴的出世也是神奇的，这就是造化会元之功，用宇宙的形成引出灵猴的出世，这是水到渠成的事情。

孙悟空的求学经历

孙悟空在大闹天宫之前有一段十分重要的学习经历，这段时间不短的求学生涯，使他学到了真本领，获得了长生不老，为下面的大闹天宫和西天取经做了充分的铺垫。

一、求学目的

孙悟空在求学遇到菩提祖师之前，是没有名字的，书中以“石猴”称呼他。石猴发现花果山水帘洞，为群猴找到安身之处，被拥戴为猴王，应该说已经是地位十分尊贵的。但是他依然不满足，想摆脱阎王老子的管辖，获得长生。

在群猴的支持下，奔着长生不老的目标，石猴毅然踏上求学之旅。凭借着简陋的竹筏，过大洋，跨大洲，寻访名师，求索成佛成仙修圣之途。所以孙悟空求学的目标十分明确，动力也十足。

二、求学方式

孙悟空的求学方式是游学，将游和学结合起来。他乘木筏首先来到南赡部洲，在这里，他学人礼，学人话，学的都是一些人类社会基本的生存技能。在南赡部洲游学了八九年，但是没有学到佛仙神圣之道，而且不满于这里的人追求功名利禄，所以就离开了这里。

孙悟空离开南赡部洲，继续游学，依靠木筏来到西牛贺洲，在这里，根据一个樵夫的介绍，找到“灵台方寸山，斜月三星洞”，从此开始了他长达十多年的求学生涯。

三、学习过程

1. 拜师

石猴来到斜月三星洞，不贸然敲门，后来一个仙童开门将他引进去。见到菩提祖师，石猴倒头便拜，并声称诚信拜师。菩提祖师试了一下他的诚心，知道他渡过两个大洋，跨过一个大洲来到这里，认可他的诚心，就收他为徒。

2. 取姓

菩提祖师询问石猴的姓氏，石猴还误答为祖师询问的是性命的性，他说："我无性。人若骂我，我也不恼；若打我，我也不嗔，只是陪个礼罢了。一生无性。"也许他真的不知道姓氏是什么，但是我宁愿相信石猴是故意说错，说出一片禅机，得到祖师的欢心，最终收下他。

菩提祖师根据他的外形和种属，给石猴取了姓，那就是"孙"。这个孙既是他种属的谐音，又代表他儿男的性别。

3. 取名

菩提祖师根据本门派的辈分，给石猴起了个法名——孙悟空。从这个名字上能明显看出佛教的迹象。

4. 悟道

孙悟空在三星洞大学的学习经历分为三个阶段，第一阶段为时六到七年，主要是干些杂务；第二个阶段只有一个晚上，菩提秘密传给他长生不老的法术；第三个阶段也很短，是传授给他七十二变和筋斗云这两种逃避神仙五百年一次的三次劫难：天雷劫、阴火劫和赑风劫。这三个阶段，孙悟空颇有机缘，练成内丹，成就长生不老之身。

5. 肄业

孙悟空学完这些以后，由于在师兄弟面前逞能被菩提祖师赶下山去，所以孙悟空不算是毕业，而是肄业。而且让人十分疑惑的是，菩提祖师断绝了师徒关系，而且他应该算知了徒弟将来必然会惹下大祸，让孙悟空不要说出自己的师承，否则不但要了孙悟空的命，而且让他万劫不得翻身。用如此恶毒的语言进行威胁，不知是什么原因。既然知道孙悟空会惹祸，那就教育他引导他，而不是断绝关系然后放任不管，还推脱责任。菩提祖师只在第二回中出现，以后再也没有出现。孙悟空的这个师傅真是见首不见尾，是一个谜。有人说他是如来佛祖变化而成的，也有一定道理。

四、课程体系

从孙悟空和菩提祖师的对话及孙悟空的学习活动中，我们可以推知斜月三星洞大学的课程体系。

初级课程：这是入门的课程，主要有语言学、礼仪学、书法课、辩论课、园艺课、劳动课。这在第二回里有明确的记载：悟空到门外，又拜了大众师兄，就于廊庑之间，安排寝处。次早，与众师兄学言语礼貌、讲经论道，习字焚香，每日如此。闲时即扫地锄园，养花修树，寻柴燃火，挑水运浆。凡所用之物，无一不备。在洞中不觉倏六七年。

中级课程：这一类课程充分体现了三教合流的特点，被菩提祖师概括为四个字——道、流、静、动。

道：祖师道："'道'字门中有三百六十傍门，傍门皆有正果。不知你学那一门哩？"悟空道："凭尊师意思。弟子倾心听从。"祖师道："我教你个'术'字门中之道，如何？"悟空道："术门之道怎么说？"祖师道："术字门中，乃是些请仙扶鸾，问卜揲蓍，能知趋吉避凶之理。"

这是道术，是中国本土的道教的技术，也可以成就正果，但不能长生，孙悟空不学。

流：祖师又道："教你'流'字门中之道，如何？"悟空又问："流字门中，是甚义理？"祖师道："流字门中，乃是儒家、释家、道家、阴阳家、墨家、医家，或看经，或念佛，并朝真降圣之类。"

流就是三教九流的内容,这里也有道,但是这里的道是道家,与上面的道教不同。这个里面涵盖的内容很广,但是也不能长生,悟空也不学。

静:祖师道:“教你‘静’字门中之道,如何?”悟空道:“静字门中,是甚正果?”祖师道:“此是休粮守谷,清静无为,参禅打坐,戒语持斋,或睡功,或立功,并入定坐关之类。”

静就是静修,这里将道教和佛教的静修都融合在里面了,有辟谷,有清静无为,有禅坐,有守戒。但与悟空的目标不一致,所以还是不学。

动:祖师道:“教你‘动’字门中之道,如何?”悟空道:“动门之道,却又怎么?”祖师道:“此是有为有作,采阴补阳,攀弓踏弩,摩脐过气,用方炮制,烧茅打鼎,进红铅,炼秋石,并服妇乳之类。”

动就是养生之学,包括房中术、炼丹术,甚至还有服食妇女的奶水养生的方法。这是道教的修炼方法。

高级课程:就是长生不老的课程,是菩提祖师在密室内教给孙悟空的,主要内容体现在菩提祖师的口诀上:“显密圆通真妙诀,惜修性命无他说。都来总是精气神,谨固牢藏休漏泄。休漏泄,体中藏,汝受吾传道自昌。口诀记来多有益,屏除邪欲得清凉。得清凉,光皎洁,好向丹台赏明月。月藏玉兔日藏乌,自有龟蛇相盘结。相盘结,性命坚,却能火里种金莲。攒簇五行颠倒用,功完随作佛和仙。”

高级课程通过修炼精气神,本着藏字诀,争取做到阴阳和谐,达到长生不老。这里只是口诀,缺少具体的操作法,但是具孙悟空说他修炼好了,达到了与天地同寿的地步。

顶级课程:逃避三灾之害的课程,体现在孙悟空身上就是七十二变和筋斗云。这样孙悟空就真正学到了长生不老的本领。但是七十二变是逃避三灾的法术,也是惹祸的法术,筋斗云可以逃避三灾,也可以逃避追捕。

不管如何,孙悟空这一段的求学生涯还是十分成功的,他目标明确、不怕苦难、诚心向学,认真学完了菩提祖师的初级课程、高级课程和顶级课程,练就了一身的本领。但是我们也会发现,孙悟空没有学习中级课程,这个缺失对于他恐怕是一种致命的缺失。

第三辑

和你一起下水

把你们推下写作的河流，作为教师的我就总是站在岸上，对你们指手画脚，评头品足：这个动作不标准，那个动作很销魂；你的速度太慢了，你的泳姿太拙劣。有一天，一个纯真而震撼的声音说：老师，您也下来试试！

于是我就和你们一起下水，突然发现游泳的理论和实践没有融合，我的泳姿也不好看，在你们的嘲笑和支持中，我坚持和你们一起下水，二十多年过去，就有了这一篇篇下水的文章。

做大地上的行者

维特根斯坦决心做大地上的行者，不愿为云间的舞者，这是令人深思的选择。

人类一走出原始森林，就成为了大地上的行者，注定要亲和泥土，拥抱大地。

人类的思想从来没有泯灭过云间舞者的梦想，但我们是通过在大地上行走而达到理想的天堂。

让我们接受造化的定位，让一双倔强的双脚和大地连心，感受大地的广袤和厚实，汲取无穷的力量和勇气，铸就人生的梦想，成就生命的辉煌。

做大地上的行者，我跟随孔子周游列国，即使到处碰壁，也把脚扎进民众的土壤；做大地上的行者，我跟随司马迁，南游吴越，北泛黄河，东登泰山，西到咸阳，把脚扎进历史和现实的大地；做大地上的行者，我学习玄奘，饮戈壁风露，看大漠残阳，让双脚去哭泣吧，即使这样也要找到普度众生的妙方；做大地上的行者，我跟随徐霞客，摆脱“父母在，不远游”的约束，让双脚在大地上耕种梦想，把祖国的壮丽河山收藏在心房；做大地上的行者，我追随余秋雨，用双脚踏响大地的胸膛，用铿锵的脚步声温暖被冰冻的文明和善良………

我们的生命一直保持着行走的姿态，不潇洒也不从容，我们走得十分地痛苦，我们的双脚一直在把痛苦吟唱。

这种吟唱唱出了文化的辉煌，《论语》《史记》《大唐西域记》《徐霞客游记》《行者无疆》等等进入了中华文明的殿堂。

这种吟唱唱出了中华民族的精神，它在白山黑水，彩云之南，在长江黄河，在昆仑之巅，在东海之畔，飘荡飘荡，传扬传扬。

这种吟唱也唱出了中国人的坚强，中国的双脚紧贴着历史，紧贴着复兴，紧贴着梦想，一路走来，走进了世贸组织，走进了香港、澳门，走进了奥运会场，走进了文明、富强。

其实，我们从来没有放弃过飞翔，不过，我们知道，只有扎实的行走，才有可能借助外力飞上云端。

其实，人类也从来没有放弃过飞翔，我们的双脚在地上，我们的心灵在天上。正是因为坚实的行走，我们才达到了理想的高度，才拥有了飞翔的翅膀。

当我们看到飞机喷出美丽的彩霞，当我们看到五星红旗在太空飘扬，当我们看到探索卫星在环绕月球……请不要忘了我们起飞的地方，不要忘了我们的双脚在大地上行走了几亿年，才有了短暂的飞翔。

我们的思想还要回到大地上，我们的双脚还要和大地默契配合，将奋进的歌曲高唱，要让主旋律一直回荡：做大地上的行者，眼盯在脚下，心飞翔在天堂。

任　性(1)

在压抑人性的世界里,"任性"是对清规戒律的反抗,是对人之本性的张扬。

——题记

(一)

窗外清风吹拂,竹叶簌簌;春阳煦暖,好鸟相鸣。

刘伶端坐斗室内,觉得十分舒爽,从指间到头顶,没有一个毛孔不舒服。一股丹田之气,不由自主地向上涌,想和天地宇宙相沟通,于是他就放声长啸,啸声飘出去,把他的妻子吓了一跳,把附近的邻居都招引过来了。大家趴在窗子上,向里面看,觉得无比奇怪。

刘伶全然没有在意外面攒动的人头,他突然觉得身上的衣服也是很重的负担,就像那些条条框框一样,束缚着自己,他觉得自己的毛孔要呼吸外面的新鲜空气,他觉得自己的肉体想让春天美好的气息亲密接触,于是他自然而然地脱去了衣服。他的裸体有点丑,四肢比较瘦,但是肚子却有点凸。他没有感到有什么不妥,觉得卸掉了往日沉重的枷锁,解开了那个司马氏给他加上的桎梏。

趴在窗子上看的邻人们,目瞪口呆,面面相觑,一个关系不错的邻居智刚跑进来,其他的邻居也都跟着鱼贯而入。智刚对刘伶说:"刘先生,您看看您,怎样能这样任性呢?真是有伤风化啊!"刘伶微笑着看看智刚,从容地说:"我把天地当成屋子,把屋子当成自己的裤子,你们这些人怎么跑到我的裤裆里来了呢?"说完就哈哈大笑,智刚等邻人每个人都闹了个大红脸。

（二）

月色如银，穿过窗子，泻在龙床上，汉光武帝和严子陵同榻而眠。严子陵睡相很不好，把被子蹬开了，大臭脚放在了光武帝的肚子上。

观星台上，一位官员正在夜观天象，发现代表皇帝的紫微星十分明亮，突然有一颗星星向紫微星撞去，紫微星的光芒就摇晃不定了。

晨光熹微，正是早朝时间，主管天相的钦天监星辰宇匆匆忙忙跑上朝，跪在丹墀之前说："启禀吾皇，昨夜子时臣夜观天象，发现客星犯御座甚急，不知是何灾相？"汉光武帝哈哈大笑："爱卿不要害怕，那是朕和老同学严子陵同榻而眠，他把大臭脚放在朕龙腹之上了，哈哈哈哈，他就是这么任性！"

同一天，严子陵向光武帝辞行："十分感谢陛下的厚爱，微臣随内心、任本性已成习惯，不适应仕途生活，就请陛下恩准，让微臣归隐山林，垂钓河泽吧！"光武帝知道此人不可勉强，就只有同意。

于是范仲淹写道：云山苍苍，江水泱泱，先生之风，山高水长。

（三）

任性是追求自由的许由，听了尧帝让位的话后颍水洗耳的动作。

任性是垂钓濮水的庄子，对楚王派来的使者的持竿不顾。

任性是放浪不羁的李白，不愿摧眉折腰事权贵的傲岸和自尊。

任性不是拥有了金钱，尽情地享受口腹之欲、声色之欲，而是听从内心自由的召唤，守着一方精神的家园，濯足清流，放歌南山。

任　性(2)

过去的一年,"任性"这个词被赋予新的含义并流行一时,"有钱就是任性",一度成为流行语,连李克强总理在《政府工作报告》中也使用"任性"这个词。当时尚的男女自豪骄傲地说"有钱就是任性"的时候,我要说:有钱也不可任性。

"有钱就是任性"流行一时,自然有其原因。当"苦逼"的"屌丝"们通过自己的努力,挣得第一桶金,能够带着"女神"或者"男神"在超市、宾馆或者奢侈品商店"潇洒走一回"的时候,那种成功的喜悦是难以言表的,真有"翻身农奴把歌唱"的激动和豪迈。于是"有钱就是任性"就被赋予了一定的褒义色彩,那是喜悦心理的真情流露,是不由自主的炫示,虽则和阿 Q"当年我比你阔多了"一样显示出一种"小人"嘴脸,但是此种情况下没有哪个词比"任性"更能充分表达这种感情了。从这个角度说,我们让那些辛苦的奋斗者"任性"一次也无可厚非。

但是人性是复杂的,它有丑恶也有善良。顺从善良的人性,自然能阳光普照、春风和煦,但放纵丑恶的人性,也许就会阴云滚滚,荆棘处处,甚至豺狼出没,害人害己。孟子说:"生我所欲也,义亦我所欲也,两者不可得兼,舍生而取义也。"恋生恶死,是人之本性,但是在正义的面前,我们必须压抑人之本性,做出正确的选择。

另外,"任性"是一种情绪的冲动,情绪这个东西包含的全部内容就是直觉和激情,是冲动和快感,它是不考虑什么合理性和可持续性的。而且它的心理运作的机制是迅速满足后迅速塌陷,接着必须再次填满,不然就没有安全感,就会十分痛苦。一旦"任性"变成习惯,情绪形成定式,你必须不停地"任性"下去,用一次次的冲动和快感把它喂饱，不然情绪这个怪物就会从内心最隐蔽的地方跑出来，啮噬自己和他人的生命。

再进一层说，钱这个东西，作为商品流通的交换介质，在人类文明的进化中确实起过重要的作用，但是人们很早就对它的利弊有很深的认识，"一聚一散谓之财""千金散尽还复来""金钱不是万能的"等等。虽说"有钱能使鬼推磨"，但是钱的作用毕竟有一定的局限，有些东西是钱不能买来的。有钱你能买到食物，但是你买不到胃口；有钱你能买到房子，但你买不到家庭；有钱你能买到药品，但是你买不回生命；有钱你能买到化妆品，但是你买不回青春。当我们面对钱这个不是万能的交换介质的时候，我们不是时时事事处处都能任性起来的。

有钱是否可以任性，这其实还是一个怎样处理精神和物质关系的哲学命题。在当今这样一个更重视物质而轻视精神的时代，其更具有思考的意义和价值。小则关系到一个人幸福，大则影响到社会的价值观念、风尚潮流。

有钱而不任性，是人格健全者的境界。

抹杀金钱的作用，口不言钱，称钱是"孔方兄""阿堵物"的假清高固然不可取，但心中"只思利"、嘴里"不离钱"的势利行为，也让人觉得污浊不堪，轻浮浅薄。新加坡地处热带，貂皮大衣对于这里的人们没有什么实际的用途，但是就是有一些爱慕虚荣、十分任性的女性喜欢购买它，导致价值十几万的大衣畅销。这些女性买回貂皮大衣就悬挂在自己的衣柜里，时不时看一看，以满足自己的虚荣心。这些女性应该是心智不健全、头脑不理智的消费者。她们就像馋嘴的小孩，无法抗拒占有欲的诱惑。虽然购物是个人的行为，别人好像没有权利干涉，但是我们应该可以认为她们是一群被外物桎梏和役使的动物，在物质面前失去了判断力。

最近网上有一篇文章很火，叫做《我有足够的钱，却选择住在 40

平公寓，只为换取幸福》。作者格雷厄姆·希尔，他是“LifeEdited.com”和“TreeHugger.com”的创始人，年轻时卖掉了自己的互联网公司，赚了大把的钱，一度十分任性，买了大房子和许多东西，甚至任性到雇人帮自己采购，后来发现任性购置的这些东西不但没有给自己带来快乐，而且成了自己的负担。他领悟到简单的生活才能让自己富足，才有可能让自己幸福。现在他住在纽约一个40平方米的房子里，只有六件白衬衫，十个碗。繁华散尽见真淳，他的经历告诉我们：有钱不是任性的前提，任性不是幸福的必备。平平淡淡、从从容容、简简单单也许才是生活的本质。有钱不任性是一个人格健全者的境界。

有钱而不任性，是心灵饱满者的选择。

那些心灵饱满的人，他们有着自己的精神领地，有着自己无限的心灵空间。就像钱钟书一样，姓钱而不爱钱，一辈子喜爱书籍，热衷学术，成为中外闻名的大学者。古今中外那些安贫乐道的高人逸士，那些执着于学术的学人巨匠，那些甘于平淡的平民百姓，总是不汲汲于名利，不戚戚于富贵。或有书房半间，“借书满架，偃仰啸歌”；或有斗室一处，“实验探究，兀兀穷年”；或有薄田一方，“南风微醺，翼彼青苗”。

就像百岁老人杨绛说的那样：“我们曾如此渴望命运的波澜，到最后才发现：人生最曼妙的风景，竟是内心的淡定与从容……我们曾如此期盼外界的认可，到最后才知道：世界是自己的，与他人毫无关系。”

心灵饱满者，钱少而不沮丧；内心富足者，钱多而不任性。

有钱而不任性，是社会成熟的标志。

一个唯利是图、金钱至上的社会，是一个不成熟的社会，这个社会是一个过渡性的社会，是人类社会发展的一个必经的阶段。这样的一个社会整体浮躁，有钱了就任性不仅仅是个体的心理需求，也会成为一种社会的潮流和风尚。开始人们可能扭扭捏捏、半抱琵琶，一旦成为风尚，就竞相攀比、炫耀。就像那个叫什么美美的在网上晒富，网下任性，任性了就有钱，有钱了更任性，以致和境外不法分子沆瀣一气，设赌抽头，违法乱纪，最后锒铛入狱。

还有那些贪官污吏，更加任性，因为他们不仅有钱还有权，就恣意妄为，任性到不顾礼义廉耻，不顾党纪国法，最后成为被拍死的苍蝇和被打死的老虎。

随着文明的进步，相信人们会越来越理智，社会会越来越成熟，人类一定会进入“精神和物质齐飞”的阶段。

总而言之，有钱而不能任性，有钱而不必任性，有钱而不需任性，有钱而不愿任性，庶几可乎？曰：可！

我看“性别错位”

网络时代，“新词不断”，最近网络又流行两个词，一个是“女汉子”，另一个是“男妹子”。

“女汉子”是指那些性格直爽、行事果断、独立性强、颇有男子气概的强势女性。“男妹子”则泛指行为举止女性化的男孩，他们缺乏阳刚之气，连说话都会柔声细气。这其实是“性别错位”的现象，此现象出现有着非常复杂的主客观原因。

首先，这是一种个性追求。现代多元化社会对整齐划一的提倡声音依然比较响亮，但是个性化需求的声音也渐渐增强，两者构成“二重唱”。每个人都有追求个性的权利，在性别特点的选择和塑造上也有个人的权利，某些人就想呈现出与先天性别及社会定位不一样的特点。这个不影响他人，也不损害社会，“性别错位”也无可厚非，为什么不能选择呢？

这也是个人性别选择的一种结果。人生面对的选择很多，人们已经习惯于在选择中生活，但是没有人能选择自己的性别，面对已经确定了的性别，想改变的人们曾经一度比较郁闷。但是大家很快就有了方法，先天不可改变，后天可以塑造。另外还有一条路，现代的科学技术十分先进，人们可以通过手术变性。不喜欢命定的性别的人们，就可以利用上面所讲的两种方式改变。第一种方式应该说还是受到传统性别观念的影响的，所以是一种细微的变化；而第二种方式，借助现代科技手段进行了蜕变。在演艺界，这种变性的明星有不少，例如韩国明星河莉秀、韩国组合 Lady，四名成员都是变性人。金星曾经说：我是全中国最大的行为艺术，我这一生都是在做一个行为艺术。这个行为艺术不是维持一天，而是一直到我死为止。她的话充分体现了独特的个性和鲜明的性别选向。

女汉子和男妹子的出现和家庭教育也不无关系。有不少年轻的父母，缺乏育儿经验，甚至把孩子看成自己制造的玩偶，在孩子生活环境的营造和对孩子的教育上，不注意性别的趋向，把男孩当成女孩养，把女孩当成男孩养，造成孩子的性别意识模糊甚至性别选择错误。这样，将来孩子在社会生活中将手足无措，甚至影响自己的婚恋生活。所以作为父母，一定要注意抚养孩子时的性别教育，最好是顺应主流文化的要求。

性别错位还是开放性、包容性的环境的一种产物。现代社会是一个多元的社会，除了主流文化，还有很多非主流文化和主流文化共存并生。多元，就是多种价值取向、多种思维方式、多种生活方式。对于性别来说，男婚女嫁，阴阳交合，子孙繁衍，这是社会的主流文化；而女汉子、男妹子甚至变性就是非主流的文化。现在的社会对于不影响主流文化的非主流文化是包容的，对于性别错位或者变性的做法也不会大张挞伐。就是由于这种多元宽容的社会环境，所以才会出现不少影视作品表现“同性恋”这个内容，例如《霸王别姬》《断背山》《大话西游》等等。也许有的带有一些戏谑的色彩，但是更多的作品是思考这种现象的深层原因，给予性别错位更多的理解和宽容。

2013 年 1 月 29 日，深圳的一对女同性恋者——三十六岁的冬冬和三十岁的七七举行了结婚典礼，她们在深圳罗湖区某酒店大摆宴席十六桌，用庄重和热闹告诉全世界：她们彼此相爱，至死不渝。这个新闻也并没有在网上掀起轩然大波，这正说明现在的人们对同性恋者的理解和支持。

至于“女汉子”的出现，正体现了社会的进步，男女的平等。女汉子将女人的细腻缜密和男子的果断坚决相结合，在工作中表现出很强的执行力和创造力，这有什么不可以呢？传统社会中，女子要主内，要在家里生生孩子，做做家务，大门不出，二门不迈；但是工业大生产，把女子从家里解放出来，走向十分广阔的社会，成为社会各行各业中的生力军，女子承担起了和男人一样的责任和工作，这一种变化是社会进步的产物。我身边就有很多女汉子，从工作的角度审视她们应该说其工作能力和水平不亚于男子，甚至超过男子。只是这些女子回到家庭里，必须转换角色，不然家庭生活就有危机。很多事业有成的女汉子家庭生活不是很幸福，就是因为在家庭中她们依然保持女汉子的形象。还有很多女汉子已经是大龄女青年，依然单身，所谓“树大好乘凉，女大好填房”，也许说的就是这一类女子。

对于男妹子，那是人家的私人爱好，无可厚非。我国古代的男妹子也不少啊！分桃断袖的故事，很多人都知道。弥子瑕、董贤就是比较早的“男妹子”，所以卫灵公和汉哀帝就宠幸他们。《红楼梦》中有对于男妹子的精彩的描写，例如描写秦钟：“带进一个小后生来，较宝玉略瘦些，眉清目秀，粉面朱唇，身材俊俏，举止风流，似在宝玉之上，只是怯怯羞羞，有女儿之态，腼腆含糊。”这是一个典型的男妹子，所以贾宝玉对他很有意思，估计两人之间也有“分桃断袖”之嫌疑。至于蒋玉菡，他是一个戏子，专演旦角，更是典型的男妹子，《红楼梦》中描写他“面如傅粉，唇若涂朱，鲜润如出水芙蕖，飘扬似临风玉树”。《红楼梦》中的男妹子还很多，柳湘莲也是一个，其实贾宝玉也是一个男妹子。这种“男妹子”不是现在才有，只是这个名字是现在新造的，古代叫做“娈童”。明代的士大夫很多都是双性恋者，既有妻室，也有喜爱的娈童。张岱在自己的《自为墓志铭》说：“少为纨绔子弟，极爱繁华。好精舍，好美婢，好娈童，好鲜衣，好美食，好骏马，好华灯，好烟火，好梨园，好鼓吹，好古董，好花鸟，兼以茶淫橘虐，书蠹诗魔。”这个俨然成了一种时尚，成了一种风气。

“男妹子”是个人性别的一种选择，是个人心理的一种趋向，也与社会上一定范围内的需求有关。

随着社会的发展，尤其是网络的发展，性别错位的现象也许会增加，成为一种常见的现象，但是无论怎样都不会增加到影响人类的生存繁衍的地步。在不影响主流文化的前提下，允许这种现象的存在是社会进步和开明的表现，也是对人性、人情的一种尊重。

对于“性别错位”，不必大惊小怪！

耿介的孤独

寂寞往往是被动的，而孤独在不少情况下是一种自我的选择。寂寞是可以化解的，所以寂寞一生的情况是很少见的；而孤独却是不能或者说很难消除的。寂寞是美丽的，是空谷幽兰，春天来了就开放，春天去了就凋零；而孤独是耿介的，是山中高士，春天来了也孤独，春天去了也孤独，坚决不改变自己的姿态——耿介的姿态。

孤独的最初意义是什么呢？老而无子是为孤，少而无父是为独。最初孤独也是一种外在世界给出的人们必须接受的结果，客观恒定，难以改变。《百年孤独》不能翻译成《百年寂寞》，不然就没有什么味道了。后来孤独成了人们的一种主动的选择。

严子陵是孤独的，他主动选择了这种生命的状态，即使面对被神化圣化的皇帝，他也不愿意萎缩自己的生命。即使和皇帝同榻而卧，他的大臭脚也毫无顾忌地放在皇帝的肚子之上，最终他还是选择原野，选择生命的舒展和盛开！于是在云山苍苍中，在泱泱江水中，先生的孤独之风，山高水长。

孤独也许只是个体的孤单，而绝不影响内心的充实，孤独者外形落寞，但是心的原野自有花嫣红，叶繁盛。孤独其形也，充实其内核也。孤独的身影不美丽，美丽太柔弱了，孤独的身影是坚定而潇洒的。

如果说寂寞是一株空谷幽兰，那么孤独就是山顶青松；如果说寂寞是对影自怜的佳人，那么孤独就是一骑绝尘远离市廛的侠客。它十步杀一人，千里不留行。事了拂衣去，深藏身与名。

寂寞是别人远离你或者社会抛弃了你，你满怀悲伤和委屈的一个人；孤独是你坚定地离开别人或者以一个人的力量对抗整个世界，你最后遍体鳞伤或者生命陨落，但是你绝对不后悔，因为你要保持一个人的完整，无论是肉体的还是精神的，但主要是精神的。

汨罗江的白鞋子是孤独的，铁轨上的一片海是孤独的，昆明湖畔的人间词话是孤独的。

“从明天起，做一个幸福的人/喂马、劈柴，周游世界/从明天起，关心粮食和蔬菜/我有一所房子，面朝大海，春暖花开”，这是孤独的诗，不是寂寞的诗，因为是从明天起，那么今天呢？今天把生命交给铁轨，交给火车，今天的精神家园已经坍塌，我依然孤独，而明天我才能幸福。不要救我，更不要救我的孤独，我的孤独谁也救不了，只有我自己。

偶然你误落凡间/这里水草丰美/你却永远记着从前/你徘徊/你飞鸣/你的孤独穿透亿万年/何日回到家园/何日回到家园/你亦啼出鲜血/像那极度悲伤的杜鹃

孤独来自整个家园的坍塌，来自精神理念的崩塌，在这种情况下，精神的主体会主动选择退回内心，舔舐着巨大的悲伤，坚守自己内心的完整，或放弃生存，或归隐田园。

孤独的不仅是某个个体，有时也是一个家族或者一个时代。就像《百年孤独》里的布恩迪亚家族一样，最后被这个日新月异的时代所抛弃，最后被一阵风吹走，从而消失无踪。

每一个时代都是孤独的，它以自己独特的形式进入历史，而最终必将被岁月所抛弃，无法复制。汉官威仪不复存在，盛唐气象不复存在，魏晋风度不复存在，环肥燕瘦不复存在，一颦一笑，一怒一忧，皆化为灰尘。

可以说，只要有生命的事物都是孤独的，包括每一个人和社会，就是这个宇宙也是孤独的，即使这种形式的宇宙不是一个。

我们并肩行走的姿态是悲壮的，不仅是因为我们的爱，更是因为我们的孤独。内心是如此丰富,即使我们爱得多么深入,但我们也不能穷究每一个细微之处。我们明知每一个人都是孤独的,但我们还能爱,还能并肩前行。

对于所有的存在,孤独是永远无法摆脱的,孤独是永恒,存在才是偶然。我们是那么喜爱偶然的存在,而讨厌永恒的孤独,这是主次颠倒,本末倒置了。

广袤的黑暗无边无际,一点存在的亮光一闪。

美丽的寂寞

有一首歌，叫《寂寞让我如此美丽》。歌词已经记不全了，但旋律还偶然会响在耳边。熟悉的旋律，让我想起深闺怨妇和空谷幽兰。寂寞就是一种心理状态，是因人与人的远离或者是人、物与环境的疏离而产生的一种孤单、落寞的心理状态。

我打江南走过/那等在季节里的容颜如莲花的开落/东风不来，三月的柳絮不飞/你底心如小小的寂寞的城/恰若青石的街道向晚/跫音不响，三月的春帷不揭/你底心是小小的窗扉紧掩/我达达的马蹄是美丽的错误/我不是归人，是个过客……

郑愁予的《错误》，是在写一个错误，更是通过这个错误表现一个思妇的寂寞。眺望的眼神，渴盼的心情，美丽的错位，寂寞的容颜。当渴盼相近、相拥、相知、相谐的心理和现实产生巨大的反差和鲜明的错位时，这种无凭借、无依靠的感觉就产生了，它就是寂寞。

在生命的空间里回响寂静的声音，在心灵的地头上盘踞空虚的视感。在同一的时间内，空间割裂错位，一在天之涯，一在海之角。

寂寞其实并不美丽。忍受的痛苦，期待的折磨，长久的无凭借心理，盘踞心头的无价值感，等等，这些让寂寞的人情何以堪。“自伯之东，首如飞蓬。岂无膏沐？谁适为容！”“寻寻觅觅，冷冷清清，凄凄惨惨戚戚。”这才是寂寞的真实状态，找不到存在的意义，迷失了自我的方向，长久被一种莫可名状的不安全、不可靠的感觉啮噬着内心。有的寂寞者为了离开寂寞，常常抛弃生存的意识，割断生命的意志。

那么寂寞怎么美丽起来的呢？当长久的忍耐成为习惯，绝对的否定进行多年，在痛苦的阴云缝隙里，会射下现实的阳光，这阳光就是一种新的眼光、新的标准，它会仔细地审视这寂寞，会发现寂寞新的意义和价值。寂寞是先从人们的心里美丽起来的，然后才通过文学作品表现出来，传播出去。当都经历过寂寞、有寂寞体验的人们读到以后，就会产生共鸣，于是在人们的眼中，寂寞就美丽了起来。说到底，寂寞的美丽是在与其忍受不如享受的心理作用下产生的，是在绝路上开出希望，是在峭壁上种下生机。

还有一种寂寞，是人或者物，离开了合适的环境，独自面对新鲜的和广袤的陌生时产生的。“木末芙蓉花，山中发红萼。涧户寂无人，纷纷开且落。”如空谷幽兰般的开放，远离了红尘世俗和欣赏的眼睛，价值无法体现，存在无从对比，“芳树无人花自落，春山一路鸟空啼”。在这个纷繁喧嚣的世界上，有多少心灵的空谷，有多少空谷的幽兰，就有多少美丽的寂寞。不是在远离市廛的原始森林和空山幽谷中才有这种寂寞，人世间到处都是。

既然存在于某些眼睛和头脑之外，那么就自己展现一种寂寞的姿态吧，“花谢花飞花满天，红消香断有谁怜?”就在林黛玉的山谷，在曹雪芹的山上，花落水流红，闲愁万种吧！

对于寂寞的意识早已有之，人皆有之；对于美丽的寻求，后而有之，非人人皆有之。凡是有正常思维和健全的自我意识的人，在上面所说的两种环境中，都会产生寂寞的感觉；但是非有感性之认识和“人生艺术化”的思想者，不能找到寂寞的美丽，也不会拥有美丽的寂寞。

用文艺的方式能找到美丽的寂寞，呈现出寂寞的美丽；用科学的方式也能。那个方砖上的提灯人法布尔，那个在黑暗小屋里冶炼沥青的居里夫人。当然用文艺的方式和人生艺术化的方式更容易找到寂寞的美丽，因为这种方式的目的就是美；而科学的最终目的是真，不过科学的真和艺术的美最后还是要融合的。

寂寞是可以化解的，当时间和空间合璧，当心理需求和现实环境契合，当人、物找到适合的环境或者通过改变自身而契合了环境，那么寂寞就消解了。还有一种化解的方式，那就是真的在寂寞中美丽充实了起来，在寂寞中修炼好了一颗强大的心灵，心灵以心灵为凭借和依靠，不需要外求，找到了精神的家园、灵魂的天堂。那家园和天堂是庄周的蝴蝶梦，是李白的象牙塔，更是乡间老农的简单和淳朴。

颍水河堤，秋日的阳光在白桦树中间穿梭，河岸上坟冢一个连着一个。一个佝偻的白发老人，拉着架子车，车上装满了柴草。她停下车子，在河堤上休息一下，白桦树的黄叶飘洒在她的周遭，她眺望连绵的坟冢，更眺望汤汤流淌的河水。脸色平静如秋日的阳光。

等　待

在莲花的开落中，你倚栏远望，这种姿态叫等待；在地坛的荣枯中，你和自然对话，那种端坐在轮椅里的姿态叫做等待。

你等到白发如霜，等到月满西墙，依然没等来梦想中的幸福，但你等成了一个意象，一个中国传统诗词中的剪影，忧伤且隽永。

你等到春逝冬来，等到合欢如盖，依然没有等来痊愈的奇迹，但你等来了一个生命的顿悟，一个灵魂的栖息地，安稳且宁静。

当一粒种子播在母性的大地上，等待就成了他的宿命。有些过程必须经历，有些痛苦必然承受，有些滋味必然品尝。你抗拒是这样，你接受也是这样，你纠结是这样，你从容也是这样。等待是生活的常态，也是生命的常态。客观地说，每一个生命从出生开始，就在等待死亡。

等待是生命的修炼。你看看等和待这两个字，都有一个共同的构件，那就是"寺"。无论等待的地方是何处，或者月夜江楼，或者寂静地坛，或者喧嚣车站，或者古陌荒村，都具有"寺院"的味道，都有着修炼的意思。

修炼是炼身，更是炼心。等待中有焦急、埋怨、失望、愤怒，甚至仇恨，这些感情汇聚成无底的泥潭，可以陷没青绿的希望；这些情绪燃烧成灼热的火焰，将一颗充盈着鲜血的心脏淬炼。情绪如火，时间如锯，每一秒钟，都在忍受。如果不能抵御泥潭愤怒快感的诱惑，如果不能抗拒烈火无限痛苦的烧灼，那么等待就是一个死地，或在人间地狱挣扎，或跌下高高江楼，或扼断生存的希望。

怎么办？请直面等待，与他亲密接触，甚至紧紧拥抱、接受他，不抗拒，就像接受你的生命一样。经历过最初的痛楚，面对熟悉的等待，你也许会从无望中找出希望,从绝地里找到生机;你也许会从等待中找到诗意,在等待中明白现实的意义,体会到当下的力量。

不是圣人才能达到这种境界,并非神人才能把握等待的真谛,任何善感而坚强的心,在时间的流里,都能彻悟,从而云淡风轻、得失夷然。

其实整个生命就是一个等待的过程,等待并不可怕,可怕的是在等待的过程中无所事事,百无聊赖。

一个人等的时候,你不妨向外发现自然,向内发现心灵;两个人等的时候,你不妨与人话桑麻、谈天地,发现这人世的温暖。无论怎样,将心灵安驻在当前,活在生活的现场,莫要抱怨。

不耐等待者不足与之言生活,不懂等待者不足与之言生命。

静静等待,那心中绽放的白莲。

化　　解

漫天愤怒的乌云,发怒的闪电霹雳在乌云间穿梭,雷声殷殷,转瞬暴雨倾盆,山洪暴发,大地陷入灾难,城郭变成沼泽。

这就是愤怒的力量,在毁灭别人的同时,也毁灭了自身。

满天阴郁的长云,低低地压向大地,无休无止地笼罩时间和空间,笼罩灿烂的心情。有时不雨,有时淫雨霏霏,连月不开。一条绳索,从低低的云层垂下,围成一个圈套,让生机和活力自缢。

这就是抑郁的折磨,毁灭自身又影响他人,形成一种浓得化不开的忧愁气氛,最终还有可能凝聚成厚重的乌云。

谁不盼望云开日出,天朗气清,四美具,二难并。但是月有阴晴圆缺,天有雨雪风霜,这些人生的恶劣天气实在难以避免。在恶劣的天气里,撑一把伞,为心灵撑一方晴空,给灵魂一束灿烂。

撑一把理性的伞。

愤怒的乌云中,你的眼睛找不到方向;无边的哀愁中,你的心舟肯定会触礁。情绪靠痛苦和自尊收集,靠爆炸和伤害消散,它追求瞬间的释放、瞬间的快乐,不顾及伤害了众生,不考虑后悔的结果。当瞬间的快乐爆炸,漫长的苦痛就会降临,心灵会在无边的时空里被后悔啮噬,散落一地的花瓣。

黑夜给了我黑色的眼睛,我却用它去寻找光明。在黑暗里,在雷雨中,撑一把理智的伞,让心灵朝向光明的方向。

撑一把时间的伞。

时间是一位心理治疗师,他一直是一副安静的面庞,他不会轻声告诉你安静,但是他会用自己安静的姿态感动你,影响你。时间又是最好的稀释剂，可以稀释浓重的愤怒和忧伤，最后把这一切化解。

当愤怒和忧伤的浓度很高的时候，你什么都不要说，什么都不要做，你就静静地坐在那里，对视着心理治疗师的眼睛，他的眼睛是平静的湖水，没有一丝涟漪，他的眼睛是静谧的深潭，能藏下无数的故事。你慢慢静下来，静下来，看看流血的伤口，在那里竟然开出了一朵美丽的苦难之花。或者，在那片阴郁的大地上，阴郁已经变成翠绿欲滴的芳草，而长云已经散尽，有灿烂的阳光洒下。

撑一把当下的伞。

愤怒和忧郁是巨大的磁铁，它们吸附一切不愉快的东西，痛苦的过去，可怕的未来，于是一个巨大的负能量的痛苦之球形成了。它不停刺激你的大脑，让你觉得自己多么委屈，多么痛苦，多么正义，多么应该采取行动——伤人并自伤。

这个时候，你活在过去和未来，唯独没有现在，没有当下。你是谁？你在哪里？你的心脏在跳跃吗？这一切你都不知道，你只知道，要发泄，要爆炸，要毁灭。这是不良情绪存在的基础，是情绪运作的一种规律。

引进现实的阳光，撑起当下的伞。“固知一死生为虚诞，齐彭殇为妄作。”不要欺骗自己，聚焦眼前的人生，摆脱情绪的诱惑，珍惜真正的生命。现在才是生命作为真实的土壤，当下才是生命最为真切的一环。降落在过去时空和未来天宇盘旋的思维双翼，让生命着陆。

撑一把艺术的伞。

这是一种生命的表达方式，是一种生命的创造方式，更是一种生命的增值方式，也是一种生命苦难的化解方式。文王拘而演《周易》，仲尼厄而作《春秋》，史迁宫刑而写《史记》，李煜亡国而赋小楼。文字给生命开掘出一个出口，生命一旦逃离，就会进入一个灿烂的天地，一个广袤的空间。

撑一把艺术的伞，你可以不做诗人，但不能没有诗意；你可以不做画家，但不能没有一双欣赏美的眼睛；你可以不做导演，但你不能不捕捉和收藏生活中的真善美，不能不为自己的生命去规划。

生命不是在草稿纸上涂鸦，而是在蓝图上规划。将生活艺术化，将生命艺术化。贫瘠的土地会长出美丽的风景，绝望的悬崖会开出希望的鲜花。

撑一把风景的伞。

风景是一壶纯美的甜酒，可以饮醉痛苦的心灵，让你忘记烦恼和仇恨。“小楼一夜听春雨，深巷明朝卖杏花。”“惟江上之清风，与山间之明月，耳得之而为声，目遇之而成色，取之无禁，用之不竭。”“长林古木，振之以清风，照之以明月。”等等。如此美景，洗涤心灵的尘垢，化解红尘忧愁，是一剂造化开具的良药。

撑一把风景的伞，撑起赤橙黄绿青蓝紫，撑起生命最美好的记忆。

撑一把生命的伞。

生命是一段单向的旅行，任何人都不能返程。每一次携手都是缘分，每一次聚首都是绝版，每一段旅程组成这宝贵的生命。多记住一些美好，多忘记一些不快，何必执着于那些消极的情绪，何必负载着仇恨前行。我们已经那么累，就放过自己已经超负荷的心灵，让自己有一个愉快的心情，这样不好吗？

撑一把生命的伞，去问一问庄子，他怎么知道鱼的快乐的？他会告诉你，你把心变成一条鲦鱼，在快乐的水里游。撑一把生命的伞，去菩提树下拜一拜佛祖，他怎样参透这人世苦痛的？他会反问你，一滴水怎样才能不枯竭。你如果说把它放入大海，那你就真正懂得了生命。撑一把生命的伞，你去十字架下看一看耶稣，他怎样得到了永生？他会告诉你，宽容的人有福了，他必将得到土地。

既然我们是必须死去，我们一定要向死而生。死生亦大矣，还有什么能与之相并？还有什么不能放下？不能化解？

用这些美丽的伞，化解心灵中的抑郁和愤怒，让心空风轻云淡，让生命从容淡然。当雷云散尽，当丝雨入心，你嗅着芬芳的泥土气息，看紫燕穿梭，听喜鹊呢喃，俯察仰观，得大自在和大自由。

真正的批评

本人经常挨批评，应该说是在批评中长大的。我还清晰地记着初中的时候英语老师批评我的情形。英语课上，那位女英语教师让我读英语单词，读到橘子的时候，由于紧张我读成“奥瑞锯”，她就说还不如读成“奥瑞斧子”呢！全班同学哄堂大笑，我当时大窘，额头上就出了汗。事情已经过去近三十年了，但是我还清楚地记得当时的感受。

对于批评，本人一开始十分厌恶，但等到麻木之后，我就对于批评本身，对于批评者和被批评者的心理产生了一点兴趣，于是也有了一点思考。

批评，是什么含义呢？现在好像已经成了“责备”的代名词。其实批评的含义远不止这些，批是条分缕析的分析；评，就是评价，表扬优点，指出不足。条分缕析就需要理性客观；评定褒贬，就需要全面细致。不然就不是批评，就玷污了批评这个神圣的词语。

抱怨不是批评，因为抱怨里面有太多的感情成分，它的目的也不是指出不足以期改正，而是发泄内心的负面能量，达到心理的平衡。抱怨往往和情绪紧密结合，或者应该说抱怨就是情绪的产物。情绪是一个双目失明的无形怪兽，它以安全感和成就感为唯一的目标，不停地吸收你的能量，乱冲乱闯。情绪消极的居多，因为它往往把周围的人或者事情预想成是敌人或者威胁。情绪就像龙卷风，开始可能是非常细小的一线，后来不停地卷入不愉快的过往、不安全的臆想，就渐渐形成了很大的龙卷风，借助批评和愤怒散播着影响巨大甚至毁灭自己和别人的力量。

情绪引领的所谓“批评”，往往会践踏人的尊严。因为情绪本身就具有吸收负面能量的特点，它超越心灵之上，蒙蔽理智，从忧伤、抗拒、抵制、抑郁等中间获得安全感。而且我们的大脑就像一条狗，而情绪就是一根食之无味的骨头，但是大脑就喜欢啃食情绪这根骨头。情绪会借助批评的语言传递出来，而且会不停地壮大它负面的暗示“我处在不安全中，他不听我的，这不行，他不忠实于我了，他是个可恶的背叛者，他一定在背后做小动作，可恶可恶”等等，所以我一定要批评，要责备。这种情况下，批评践踏人的尊严，从这种践踏中获得快乐和安全感，就是情绪的毫无犹豫的选择了。

批评践踏人的尊严的表现主要有两种：一种是彻底的否定，一种是人身的攻击。任何人都是有优点和缺点的，没有十全十美的人，也没有一无是处的人。但是在一些被情绪充满的批评者的眼中，被批评的人就是一无是处，因为只有彻底的否定，才能衬托出自己的英明和正确，才能保证自己的安全和地位的稳固。例如批评说，你就是个笨蛋，就是个脑残，就是懦弱无能，你看看你自己有什么可取之处啊！这样的批评与其说是批评，不如说是抱怨，是发泄不满以喂饱自己情绪的释放。它的结果是自己发泄了不满，却在被批评者的心理埋下了不满、反抗甚至毁灭的种子。而另一种人身攻击的批评，更是恶劣的行为。它不是就事论事，而是由事及人，侮辱人格和尊严，以诋毁和污蔑被批评者或者他们的家属而达到情绪的满足。中国人在这个方面有很多创造，而且在批评的时候常常使用类比、对比以及比喻的方法，例如“妈妈的”“你们连女人都不如”“你们真是一群猪”“你真是连乌龟都不如”。这种“批评”已经变成了辱骂，是没有口德的一种表现。它的思路是混乱的，它的逻辑是滑稽的，它不是批，更谈不上是公正的“评”，它的反作用是十分明显的，往往引起对骂，甚至肢体的动作，甚或流血事件。

以上两种批评绝对不是真正的批评，是对批评这个美好词语的亵读，是在偏激情绪的影响下兽性的一种表现。那么真正的批评是什么样的呢？

真正的批评应该包括“批”和“评”两个方面，批就要列举，列举人或者事物的种种表现，不扭曲，不变形，不虚美，不隐恶，它就是一种客观的陈述，不用使用夸饰的语言，不要添加主观的臆断，这个环节是为“评”服务的，只有叙述到位，表述清楚，才能一针见血地去“评”。“评”就是评价、评判、评论，指出错误、疏漏、不足，指出造成的影响和危害。在“评”这个环节，指出问题并不难，最难的是提出建议和解决的方法。这是批评的目的所在，所有没有建议和解决方法的批评都是以发泄情绪为目的的，都是处在低级层次的本能欲望的表现。

真正的批评要客观公正，要理智清醒，要秉刀斧之笔，具菩萨心肠。批评的目的不是发泄和恶搞，而是扶持和救助；不是打倒和毁灭，而是创造和建设。脂砚斋评点《红楼梦》，就是一种真正的批评，这种批评不仅成就了《红楼梦》，也成就了脂砚斋。我们经常提到批评和自我批评，这两种批评的目的都是自我和集体的共同提高和进步，那么这两种批评也是真正的批评。目的决定方法和形式，目的的纯正和善意，会防止情绪的扩展和私欲的在场。

真正的批评还需要一个正确的前提，这个正确的前提是符合客观环境和历史的规律，不是逆历史潮流而动。

肠粉

将稻米的粗糙外衣剥去,露出她玉质的躯体,这样还不行,还要将许多玉质的躯体碾碎,碾成粉末,绝对不怜香惜玉。我觉得这不是在毁坏,而是在寻找,寻找米的一种气质或者说是灵魂。

白色的米粉,仿佛香消玉殒,其实她的香却因此而更加馥郁,她依然保持着玉的洁白。接着用清冽的泉水去搅拌,打破个体局限,沟通内在的灵魂。然后将米浆泼洒在铁皮做的小屉内,把小屉推入蒸笼,用蒸馏的方式凝固定形,使她有了一种与稻米截然不同的形象,就像是一张玉质的绢帛。接着用小铲子将绢帛小心翼翼地铲下,她就形成了肠的形状。我认为称之为肠粉,有损稻米的品质,更恰切的名字是粉衣,既状其形,又述其质,最好。

最后盛入绿色的小碟子中,以酱料进一步唤醒她的芬芳,然后用嘴唇亲吻,用肠胃感知。

有时候还让鸡蛋和米浆跨界拥抱,让肉丝和米浆一起舞蹈,做出滋味更丰富的肠粉。

这是对稻米的最高级别的尊重。

生命的弯道

那些生命和生活的弯道，永远留在我们的记忆之中。

幽州台是个生命的弯道。

天空乌云密布，野外荒草萋萋，你一把辛酸泪。“前不见古人，后不见来者”的苍茫，“念天地之悠悠，独怆然而涕下”的孤独，这是陈子昂生命的弯道。风雅不作，兴寄都绝，弯道布满荆棘。你从幽州台这个弯道慨叹着走过，把你的伤感写进生命，把你的喟叹刻进历史。虽然政治失意，但是你在经过幽州台的弯道之后，让生命、让唐诗都进入了一个春天。弯道是低谷，弯道也是起点。

马嵬坡是个爱情的弯道。

“六军不发无奈何，宛转蛾眉马前死。”爱情在这个弯道画上了终止符，没有了发展的机遇。“七月七日长生殿”的私语，“在天愿作比翼鸟，在地愿为连理枝”的誓言，都成了“海外徒闻更九州”的虚无。可笑可叹可悲可怜，当爱情与政治联姻，当雄心变成了享乐，马嵬坡的弯道注定了杨贵妃、唐玄宗以及唐朝的生命必定走向坟墓。唐朝从马嵬坡拄着拐杖，蹒跚走下，走向衰落。

“白头宫女在，闲坐说玄宗”，那是古人的慨叹，而今我们视之，应该有新的发现：弯道可以孕育机会，也可以埋没前途，就看你如何把握，如何转弯。

井冈山也是一个弯道，毛泽东同志的弯道，中国革命、中华前途的弯道。

很多人还梦想在康庄大道上阔步前行时，中国的道路已经到了一个弯道。上海、武汉数十万革命同志被杀，蒋介石、汪精卫的魔爪伸向共产党员。你拒绝留在大城市工作，你毅然走向潇湘的民间，你果断地说——革命的根本问题是要解决农民的问题。秋收起义后，你走入茫茫的大山；星星之火，可以燎原。是你，把中国的革命推入了一个快行道；是你，提出了枪杆子里出政权。弯道，让共产党人陷入无比的困难；弯道，也让共产党人发展壮大，意志坚强，一往无前，敢于面对以后的一个一个弯道，抓住一个一个加速点。

"一年一度秋风劲，不似春光，胜似春光，寥廓江天万里霜。"你看到了弯道的希望和机遇，满怀豪情，挥笔写就这样的佳句。

生命的无数的弯道，生活的无数的弯道，给我们伤心，也给我们希望。"玉在椟中求善价，钗于奁内待时飞"，弯道横在你的面前，你要冷静，那么相信你一定能"不鸣则已，一鸣惊人；不飞则已，一飞冲天"。

熟　悉

我熟悉“春江潮水连海平”的吟唱，我熟悉“前不见古人，后不见来者”的浩叹，我熟悉“年年岁岁花相似，岁岁年年人不同”的沉吟，我熟悉“散入春风满洛城”的清笛，我熟悉“寒衣处处催刀尺，白帝城高急暮砧”的思念。

唐诗，我很熟悉你，你融进了我的生命，使我的生命丰盈，成为我抒情的喉舌。

初识你，是因为李白床前的明月光，是因为孟浩然窗外的鸟啼声，是因为杜甫那国破山河在的泪水，是因为白居易如原上草一样离离的送别情。于是渐渐了解了你，渐渐熟悉了你，终于爱上了你。

记得高中时，和一个名叫范登攀的同学比赛背唐诗的情形。他大呼“仰天大笑出门去，我辈岂是蓬蒿人”，我低吟“江畔何人初见月？江月何年初照人？”；他目视远方“一树梨花一溪月，不知今夜属何人”，我击节“五花马，千金裘，呼儿将出换美酒，与尔同销万古愁”。那种情形，我一生都不会忘记。

唐诗，我熟悉你，熟悉你的喜怒哀乐，熟悉你的山川湖泽，熟悉你的高低起伏，熟悉你的抑扬顿挫。

唐诗，我熟悉你的容颜。你是妩媚的，回眸一笑百媚生，梨花一枝春带雨；你是秀丽的，人面桃花相映红，公子王孙逐后尘；你是潇洒的，手执绿玉杖，朝辞黄鹤楼，五岳寻仙不辞远，一生好入名山游；你的脸庞带有北方的寒气，落日照大旗，马鸣风萧萧；你的眉间挂着江南的温润，日出江花红胜火，春来江水绿如蓝。

唐诗，我熟悉你的性格。你是温柔的，如春雨在夜间随风潜入我的心中，是绿珠滴落湿透罗巾的眼泪，是长生殿上爱情的誓言；你是腼腆的，木末芙蓉花，山中发红萼，涧户寂无人，纷纷开且落；你是清高的，你不肯离开你的幽谷，在山泉水清，出山泉水浊，你独坐幽篁里，弹琴复长啸；你是孤独的，花间一壶酒，独酌无相亲；你是傲岸的，安能摧眉折腰事权贵，使我不得开心颜；你是多情的，离别家乡岁月多，近来人事半消磨，唯有门前镜湖水，春风不改旧时波；你是超脱的，人生代代无穷已，江月年年只相似；你是深刻的，战士军前半死生，美人帐下犹歌舞；你是复杂的，你是多面体，你如观世音，有千百个形象，但我识得。

唐诗，我熟悉你的歌喉。你有时引吭高歌，声振林木，响遏行云，醉卧沙场君莫笑，古来征战几人回？你有时低低吟唱，冰泉冷涩弦凝绝，凝绝不通声暂歇。别有幽愁暗恨生，此时无声胜有声。你有时寓情于事，暮投石壕村，有吏夜捉人，一车炭，千余斤。你有时借景抒情，迟日江山丽，春风花草香，泥融飞燕子，沙暖睡鸳鸯；你呓语，蝴蝶梦中家万里，子规枝上月三更；你直白，天子呼来不上船，自称臣是酒中仙。

熟悉，源于了解，了解促进热爱。熟悉的唐诗将伴随我一生，我更要用我的一生去熟悉唐诗。到最后，会达到一个新的境界，可谓：登高壮观天地间，大江茫茫去不还，黄云万里动风色，白波九道流雪山。

踮起脚尖

深蓝的舞台，四只小天鹅在舞蹈，四个少女，都是一袭白衣，踮着脚尖，舞出优美和高雅。我感慨，踮起脚尖是一种艺术。

人们都喜欢脚踏实地，让两只脚和大地亲密接触，认为这样才非常安全，但是有时候踮起脚尖也是一种智慧，是一种艺术。古人云：战战兢兢，如临深渊，如履薄冰。那种害怕和小心，和非芭蕾舞演员踮起脚尖行走是一样的。

行走时，很多人踮起了脚尖，走出了艺术。

唐太宗就是踮着脚尖的人。“水能载舟，亦能覆舟”的告诫时常在他的耳旁响起，使得想放心大胆地行走的他，小心谨慎，战战栗栗，踮起了脚尖。把魏征的《谏太宗十思疏》当成镜子，把喜爱的鹞子闷死在胸间，把“居安思危，戒奢以俭”当成箴言。于是，脚尖上建立了一个强盛的朝廷，舞出了一个叫做“贞观盛世”的局面。

可是唐玄宗却不是一个一直踮起脚尖的人，他后期的放纵大胆，贪恋女色，使得唐朝从马嵬坡跌跌撞撞走下，走向衰落，走向坟墓。“六军不发”的无奈，“花钿委地”的悲惨，与没有踮起脚尖关系密切。

诸葛亮是个时常踮起脚尖的人。有人说，诸葛一生唯谨慎，这是他踮起脚尖的明证。居隆中，读诗篇，淡泊明志、宁静致远，踮起脚尖；居相位，平南蛮，伐中原，鞠躬尽瘁，死而后已，踮着脚尖；遗嘱中，殷殷嘱托，只给子孙留下几十亩桑田，也踮着脚尖。诸葛亮脚尖上的人生比较圆满，他是我们心中的高山，须要仰视才能看见。

毛泽东也是一个善于踮着脚尖的人。想当年，红军二万五千里长征，前有堵截，后有追兵，有时红军只有狭小的空间。作为军队的领袖，岂能不谨慎？就是在这种艰难中，踮着脚尖的红军，走到了陕北，创造了奇迹。“四渡赤水”的巧妙，“飞夺泸定”的轻灵，“穿越草地”的小心，“翻越雪山”的勇敢，哪一次不是踮着脚尖？

“读书好经商好效好便好，创业难守成难知难不难。”这是徽商欣赏的一副对联，我从中看到了徽商的精神，踮着脚尖，小心谨慎，这也是徽商发财致富之后能守成的重要原因。写到这里，我脑海中幻化出一幅幅画面：那些徽商，长袍马褂，走出大山，在滚滚红尘的大路上奔忙，在清朝军队的后面跟随；成功之后，又走进大山，在青山绿水间，建起白墙黛瓦的小楼，在乡间耕田读书。他们一直踮着脚尖，舞着艺术。

踮起脚尖，开始你可能十分难受，但习惯了，就不能叫做行走了，而要改名为舞蹈，上升为艺术。

踮起脚尖，是人生的态度，是生活的技巧，是生命的舞步。

人生的舞台上，许多小天鹅在翩翩起舞，踮起的脚尖，是那么引人注目。

牵　挂

牵挂是人世间一种最美的姿态。

"临行密密缝,意恐迟迟归"的不舍是牵挂,"遥知兄弟登高处,遍插茱萸少一人"的思念是牵挂,"一树梨花一溪月,不知今夜属何人"的幻想是牵挂,"戎马关山北,凭轩涕泗流"的忧国忧民更是一种牵挂。

牵挂这种美丽的姿态不知温暖了多少人的眼睛。

它温暖了游子的眼睛。在城南空回首的少妇,春日凝妆上翠楼的女子,玉梯空伫立的美人,独依危楼的妻子,她们的牵挂定格成游子心中美丽的风景,成为游子头脑中重播反复咀嚼品味的画面,让他们踏上漫漫征程,走上无尽的归途,哪怕千山万水,哪怕阻碍重重,也一往无前,毅然决然。

它温暖了真心朋友的眼睛。"山回路转不见君,雪上空留马行处。"岑参送别,万千牵挂,立成风雪中的一个雪人,目送武判官远去,我想朋友一定能看到他,一定会被他牵挂的姿态感动,以至满目泪水。

李白牵挂的身影,定格在《送孟浩然之广陵》中,高适牵挂的姿态,定格在《别董大》里,都诠释着牵挂友人的真情,成为牵挂最美的风景,千百年来温暖着多少真心朋友的眼睛,鼓励多少人在友谊的路上阔步前行。

它也温暖了情人的眼睛。月下孤独的低吟,灯前长久的独坐,神女峰上千年的守望,灞桥上紧握的双手,江边深情的望月,等等,都是牵挂的姿态,告诉情人什么是真挚,点亮了多少情人心中的眼睛。

它还温暖了无数爱国者的眼睛。"葬我于高山之上兮,望我大陆;大陆不可见兮,只有痛哭。""一去紫台连朔漠,独留青冢向黄昏。画图省识春风面，环佩空归夜月魂。”生也牵挂，死也牵挂，最后连坟也立成牵挂的姿态，不仅美丽而且震撼，让多少爱国志士为之痛哭，为之奋起。

品人世间牵挂的姿态，观世间最美的风景，体会人间的大爱至情，丰盈自己的人生，提升生命的意境，我的心中涌动着莫名的感动。重阳佳节，过去的学子送来他们对我的牵挂，让我有过电的感觉。

他说：青山隐，绿水茫，佳节又重阳；兰佩紫，菊簪黄，秋爽意飞扬；重阳糕，酒飘香，短信诉衷肠；送祝福，送吉祥，幸福万年长！祝重阳快乐！

我道：重阳谁人谈，君竟不能忘。茱萸连兄弟，菊花荐幽香。登高观白云，临水思远方。寥寥只数语，字字暖我肠。

我们都站成世间最美丽的风景。

牵挂是“妾心藕中丝，虽断犹牵连”，牵挂是“玉户帘中卷不去，捣衣砧上拂还来”，牵挂是“寄意寒星荃不察，我以我血荐轩辕”。

牵挂，世间最美的风景；牵挂，生命中永恒的姿态。

见义勇为延续中华的长江

长江大学的三名学子，为救两个落水孩童，毅然将生命的浪花融入浩瀚的长江。

他们可能没有意识到，这个被一些人视为幼稚和不理智的行为，不仅救了两个孩童的生命，而且恰恰诠释了“长江大学”这个名字的深刻内涵，更重要的是，这个行为延续了文化意义上的长江。

这一事件引起了社会的议论，值不值的问题摆在了眼前，那么人们为什么提出了值不值的问题呢？

思想观念和价值判断多元的社会允许有多种思考，从经济角度称量生命，从实惠层面看待行为，是这个物欲横流的社会的常规；追求个体生命的幸福，在这个安定祥和的国家也无可厚非。

但只怕正当的理由成了自私的借口，个人幸福的追求成了扼住中华长江的黑手。

我们难道没看到这样的情形吗？雷锋生前战友乔安山做好事救了一个被汽车撞的大爷反而被诬陷，孩童落入冰窟众人不但不救反而当成电影看，某人驾车撞人之后逃逸被一些人传为美谈，高中生满怀善良扶起摔倒的孕妇反而被纠缠……

崇高不在，人心不古，热情的善良被冰冻，刚性的正义被软化，中华文化的长江流入现代社会物质的沙漠，见义勇为的传统走向没落。

人生代代无穷已，江月年年只相似。不知江月待何人，但见长江送流水。生命的序列还在延伸，文化的长江断断续续。

怎么办？怎么接续精神的断流？怎样拓宽文化的流域？

这个问题很好回答，也很难回答。以轻率的言语回答很容易，以果断的行动回答很困难。

面对生与义不可兼有的情况，很多人成了言语的巨人，行动的矮子。

我们应当像长江大学的这些赤子一样，迎着冰凉的江涛，口含苦涩的沙粒，直面死神的冷漠目光，用坚强的臂膀组成义的人梯。

自然的长江纵然吞噬了他们的伟岸，文化的长江树起了精神的丰碑！

我不是道德的鼓手，也不想假借道德的名义践踏个人现世的幸福。我也是一个俗人，我爱父母的温情，我喜欢爱情的甜蜜，我追求友情的真纯，这些每个人都有权利拥有。

但长江大学的赤子擂响的鼓声应震动心灵的耳膜，唤醒熟睡的责任，使中华儿女一起起来组成义的人墙，接续文化断流，拓展精神流域。

珍爱生命诚可贵　见义勇为价更高

长江的波涛吞噬了三个年轻的生命，留给人们恒久的思考，这道生与义的选择题又一次摆在世人的面前，它带着平静的微笑，用深刻的历史眼光拷问我们的心灵。

一位大学生牺牲了，为了救起一个落入粪池的老农；一个解放军牺牲了，那座桥上摆满了花圈祭奠英灵；三个大学生被无情的江水卷走了，而他们擎起了两个小生命。不要说什么见义智为，那瞬间哪里容我们准备好救生圈，拨打好 110？别谈什么兼得，别喊什么理性，别用局外人的眼睛，这只有一个答案，只有一条路径。

那么就让我们挺身而出，面对死亡的巨浪，手拉手组成义的人墙，挡住死神的疯狂进攻。

珍爱生命诚可贵，见义勇为价更高。

见义勇为因为献身而崇高。不是为了个人的名利，不是为了一己的欲望，只是为了拯救另一个生命，托起另一个鲜活的世界，毅然迎向冰凉的波澜，正视死神冷淡的眼光，走上前，走上心灵的战场，称量灵魂的重量。

献身是生命深刻解读的结果，献身是推己及人的坚强。

见义勇为因为理性而崇高。“路见不平，拔刀相助”的梁山好汉充满血性，迎着巨浪组成人墙的学生也不乏激情，但我更看到了他们身上的理性。

他们集体行动，依靠群体的力量，臂膀相连，心灵相通，他们并没有盲目行动，他们的行动中含有智慧的因素。

谁说他们不珍爱生命？对于生命，他们可能比一般人理解得更到位。正因为此，他们要拯救别人的生命，哪怕付出自己的生命！把生的希望留给别人，而自己独自面对死神的眼睛。他们之所以见义勇为就是因为他们有激情，更有理性。

见义勇为因为传承而崇高。孔子当仁不让是见义勇为，孟子舍生取义是见义勇为，陈胜揭竿而起是见义勇为，改革家变法图强是见义勇为，政治家铸剑为犁是见义勇为……

见义勇为在中国有悠久的传统，是中华文明的一粒火种，应得到传承，而它的传承不能仅靠书本，更要靠行动。

从传承的角度称量行动，从延续的层面审视生命，见义勇为是无价的。

多元化的现在缺少刚性，物质追求的合理化迷住高尚的眼睛。两者不可得兼时，我依然坚信——珍爱生命诚可贵，见义勇为价更高。

说不尽的魅力

魅力是什么?

我以为,它是一种极大的磁力,一种不可抗拒的魔力,一种穿越古今的感召力,一种无坚不摧的破坏力……

它是那么抽象,真是难以说清,无法道明。

那么,魅力有怎样具体的表现呢?

当美人海伦出现在特洛伊的城头时,她那让长老们惊叹的亮丽是魅力;当俄狄浦斯王刺瞎自己的双眼、把自己流放时,那种震撼人心的悲剧是魅力;当林黛玉用花锄肩荷花囊葬花时,那行为艺术对生命的诠释是魅力;当庄子梦中化蝶、蝶我合一时,他创造的人生至境是魅力……

魅力体现在文学艺术中,魅力流淌在人生河流里,魅力回响在历史隧道内,魅力绽放在现实的原野上。

汶川地震时,“不问你在哪里,我都要找到你”的吟唱;2008 年奥运会,北京上空大脚印震撼人心的足迹;还有日常生活中含泪的微笑、握别的双手、守望的身影、默默的坚持……

魅力就在你我身边,魅力何曾远离?

谁都无法摆脱魅力,谁都无法躲避魅力,那么我们如何对待魅力呢?

骑士小说的魅力让唐·吉诃德痴迷,所以他离开家乡,为虚设的心上人而战,他大战风车,大战羊群,惹出了种种笑话;歌星刘德华的魅力让杨丽娟痴迷,所以她早早辍学,十几年什么都不干,一心追星,母亲病重也不问,父亲为她追星花光积蓄,投海而死,她也没有悲伤的眼泪,明星的所谓魅力让她成了冷血动物,没有了温暖的人情,鲜活的人性。他们都被迷住了双眼,在魅力的光环中失去了自己。

《红楼梦》有巨大的魅力,这魅力紧紧地吸引着刘心武先生,从1992年开始,他从秦可卿的身世入手,近二十年努力,探佚《红楼梦》,成就一家之言,独辟蹊径,开创"秦学",创造了新的魅力。

宇宙有无穷的魅力,这魅力深深地吸引着霍金,残疾封锁了身体,思想却到了无限的疆域,只有两个手指可以活动,轮椅上的姿态呈现坚强和稳定,于是他成为继爱因斯坦后最伟大的物理学家。《时间简史》《果壳中的宇宙》显示出精神和思想的双重魅力。

魅力说不尽,魅力有规律。在魅力的旋风中,我们应该坚守着自己的方向,咬定青山不放松,拥有一双慧眼,看透迷雾,识破虚假,去创造自己人生的魅力。

说不尽的魅力,把握它需要心灵。

风浪后的平和，更美

老渔翁把自己的一生安顿在海边，生活平平静静；商人经历了商场的风浪，品尝了人生的搏击之后，也选择了平静的生命状态。

我喜爱渔翁的平淡，但更愿意像商人那样，品尝人生的喜怒哀乐，然后一头白霜，在人生的海边看浑圆的夕阳火红，火红……

因为，风浪后的平和，更美。

为什么风浪后的平和、搏击后的平静更美呢？那就让我们看看这大海吧！海的魅力在哪里？我想，海其实是以两种形式诱惑着我们：一种是疯狂的咆哮，一种是深沉的平静。没有疯狂咆哮的衬托，深沉平静的美丽无法凸显；没有深沉平静的对比，疯狂咆哮的力量无法展示。人生不就像这大海吗？只有深沉平静的人生不显得太单调、太平淡了吗？

我欣赏时常做梦变成蝴蝶的庄周，欣赏反穿皮衣在富春江垂钓的严子陵，也欣赏采菊东篱躬耕南山的陶渊明，但我更喜爱高喊“仰天大笑出门去，我辈岂是蓬蒿人”的李白，更欣赏期盼着“会当凌绝顶，一览众山小”的杜甫，更赞赏为帝王师而叱咤风云最后功成身退的姚广孝。

远离世俗，归隐山林，守着生命的宁静，固然美好；但迎击人生的风浪，品尝生命的苦乐，然后归于生命的平和，更是符合生命规律的选择。

“记得当年草上飞，铁衣着尽着僧衣。天津桥上无人识，独倚栏干看落晖。”据说这是黄巢的一首诗，已是老僧的黄巢在回顾生命，万千感慨，但他不后悔，毕竟经历过，毕竟拼搏过，人生无悔，所以才笑对落晖，从容平和。

站在生命的任意一点，你都应该思考着方向：我究竟该怎样选择？是平淡，还是拼搏？

平淡和拼搏，其实是生命的两种形式，我们如何选择决定着我们生命的走向，决定着生命的丰盈程度。

守着平静，也许会使你享有较长的生命，但是人生的经历是一条平直的线段，生命的厚度如一张薄纸；而高扬着理想的旗帜，疾驰着拼搏的马蹄，在浪尖高歌，在低谷悲吟，在一切风浪之后平和，看人生的海上潮起潮落，守着人生晚期的从容平淡，内心十分充盈，生命有了寄托。

渔翁和商人的选择，就是古人说的出世和入世的选择，其实谁都无法把两者分割，应该把两者结合，就像朱光潜先生说的那样，“以出世的心态，做入世的事情”即可。

我愿意抓住这个时代，因为它为个人的发展提供了充分的条件；我不愿辜负生命这一契机，我要让人生丰盈和深刻。当生命即将陨落，我独坐在人生的海边，守着平静，幸福地把生命的滋味细细点数。

山水的魅力

仁者乐山，知者乐水，仁者静，知者动，仁者寿，知者乐。古人云：山水有清音。我说，山水有无穷的魅力。

山水的魅力体现在它美好的容颜上。

泰山临浩瀚东海、观齐鲁大地的沉稳，嵩山经历史沧桑、立广袤中原的从容，华山指无垠苍穹、览变幻风云的淡泊，黄山生秀丽皖南、呈万千灵秀的真实……这是山的魅力。

黄河之水天上来的雄浑，滚滚长江东逝水的浩荡，淡妆浓抹总相宜的娴静，白波九道流雪山的壮观……这是水的魅力。

山水本无言，自有大魅力。

山水的魅力来自古人那一双双深邃的慧眼。

王羲之与诗友会于会稽山，仰观天地之大，俯察品类之盛。崇山峻岭，茂林修竹，清流激湍，在王羲之多情的眼中，是那么优美，那么素淡。四美具，二难并……他观山水美景，悟宇宙人生：固知一死生为虚诞，齐彭殇为妄作。山水永恒，人生短暂，时不我待，积极入世，把生命的足迹镌刻在山水之上。

苏轼与客泛舟赤壁之下，山间明月，江上清风，让人赏心悦目，后来他慨叹自然永恒，人生短暂，从须臾人生的哀叹中超脱出来，自其不变者而观之，体会到物与我的无穷，山水打上了强烈的个人色彩，山水因苏轼而魅力更为凸显。

山水是自然，人是自然之子，自然之子和山水和谐的交融，魅力无限。“以物观物，故不知何者为我，何者为物”，物我合一，庄子和蝴蝶同时翩然，陶渊明和菊花都定格在南山。

“我本楚狂人，凤歌笑孔丘。手持绿玉杖，朝别黄鹤楼。五岳寻仙不辞远，一生好入名山游。”为什么诗仙把生命安置在山水间，甚至在生命的最后时刻，还要从采石矶畔投到江水中捉月？因为山水是有生命的，就像诗人一样有灵性，很浪漫。

瓦尔登湖畔，有梭罗简陋的茅屋，有如眉黛一样的青山，更有如镜子一般宁静的湖水。一入山水，这无边的魅力就洗去了现实的烦躁，就荡涤了红尘的云烟，天人合一，人化为自然风景中的一部分，客观世界和主观世界融为一体，共同营建了精神家园。

富春江边，那个反穿裘衣的钓者，因为你的出现，山水重新有了生命，换了新的容颜；而那高高的钓台，潺潺的流水，更使严子陵的身影高大玄远，魅力无限。

云山苍苍，江水泱泱，先生之风，山高水长。把山水人格化，把人性化为山水，山水的魅力永远。

物适其性才最美

读了阮元的“深处种菱浅种稻,不深不浅种荷花”这两句诗,我的脑海中呈现出一幅美丽的江南图景:河湖遍地,菱藕飘香,荷花向日,稻子金黄。太美了,为什么会有这样的美景呢?这是因为江南百姓能顺应客观的规律,适应水性和物性,用辛勤的双手创造。我不禁感叹:物适其性才最美。

其实,勤劳智慧的中国人自古至今都知道做什么事情都要从实际出发,都要顺应客观的规律。荀子“天行有常,不为尧存,不为桀亡”是这样,王羲之“固知一死生为虚诞,齐彭殇为妄作”是这样,苏轼“盖将自其变者而观之,则天地曾不能以一瞬;自其不变者而观之,则物与我皆无尽也”也是这样,人们就是因为适应物性才创造了一个个大美。

物适其性才最美,那个“化成蝴蝶”的庄生告诉我们。

庄生弥留之际,他要学生把自己的尸体抛到荒郊野外,以天地为棺椁,葬身于鹰隼之腹;他的学生觉得那样不太好,要把他用棺椁葬到黄土之下,庄生说:你们为什么要夺了鹰隼的食物给蝼蚁吃呢?庄生对待死亡那样的从容,展现出人的一种大美,就是因为他对生命有深刻的认识,把握住了它的规律。他持竿不顾拒绝楚国使者的出山为相的请求,他在妻子的尸体前鼓盆而歌,他把国相之位比喻成腐烂的老鼠,这些惊世骇俗的行为艺术,都来自他对生命规律的深刻理解和顺应,所以庄子才成为中国文学和思想史上的大美。

而后来的道教和道家截然相反,他们违反自然的规律,好生恶死,炼丹求长生,往往短命而死,成为人们的笑谈。

物适其性才最美,提倡“拿来主义”的鲁迅先生告诉我们。

鲁迅先生做事情从来都是结合中国实际，从客观规律出发。面对外国文化和文化遗产，有的人不敢靠近，那是孱头；有的人全盘否定，那是昏蛋；有的人全部接受，那是废物；鲁迅先生结合中国的实际，说要适应拿来主义。拿来之后，要挑选，要使用，要创新，那样人才能自成为新人，文艺才能成为新文艺。我不想再多说，请大家再翻翻《拿来主义》一文，看看它文章的大美，想想它思想的大美。

同样是在高中教材中，有一篇文章《召公谏厉王止谤》，给我们了一个反面的例子。厉王不顾现实，不顺应客观的规律，对待百姓的意见不是听，不是疏通，而是派人监视，让人去堵，还不听召公的进谏，结果“川壅而溃”，自己被流放。不适应物性，厉王书写了中国历史上丑陋的一笔。

物适其性才最美，建设有中国特色的社会主义路线的总设计师邓小平告诉我们。中国今天的繁荣富强，今天的民主和谐，都与邓小平同志分不开，他的许多设想都变成了今天的现实，那是因为他适应了物性，顺应了民意，遵从了客观规律。

物适其性才最美，从国外也能找到大量的例子。苏格拉底思想力量的强大，居里夫人跨越百年的美丽，方砖上的提灯人法布尔的专一，帕斯卡尔“人是能思想的苇草”的解读，爱因斯坦相对论的光芒，蒙田“热爱生命”的思考……都是适应了物性，创造了生命的大美丽。

人类依然在黑暗中前行，对于整个宇宙，人类所知甚少，人类在前行中会顺应物性，遵从客观规律，创造出一个个美丽、照亮自己前行的道路。

因为博大所以快乐

汪国真的小诗，言短意深，清新隽永，让我陷入深深的思索。

什么是生命的快乐呢？

日进斗金，财源滚滚是生命的快乐吗？颐指气使，高高在上是生命的快乐吗？斤斤计较，事事算计是生命的快乐吗？通过占有较多的物质资源，掌握较大的支配权力想扣开快乐的大门，往往徒劳，因为那不是生命的真正快乐。

那么生命的真正快乐是什么呢？

它应该是“相逢一笑泯恩仇”的释然，应该是“回首向来萧瑟处，也无风雨也无晴”的淡然，应该是握手言欢、铸剑为犁的坦然，应该是“待到山花烂漫时，我在丛中笑”的夷然……无论怎样的形式，它应该绽放于心底，直指向心灵。

想起曹操，他有生命的真正快乐。他原谅了痛骂他是宦官之后的陈琳，接纳了杀死他长子曹昂和爱将典韦的张绣，容忍了与袁绍暗中有来往的文武大臣……我不否认他有过极大的痛苦，但他的博大让他生命中有过不少真正的快乐，所以他能统一北方，登临碣石，俯瞰沧海，吟咏“日月之行，若出其中。星汉灿烂，若出其里”的诗句。因为博大，曹操有生命的真正快乐。

想起卓琳，她有生命的真正快乐。这位彩云之南的才女，这位北京大学的高材生，携邓小平手，走过凄风苦雨，走过惠风丽日。当小平处于低谷，她站出来，支撑小平的信念；当小平处于巅峰，她退下去，隐没在伟人身后。不为名，不为利，不爱钱，不贪权，她是伟人的贤内助，是儿女们的好母亲。她平凡，她快乐；她坦然，她快乐；她博大，她快乐。

想起吕雉，那个常常被我称为吕野鸡的女人，她心胸狭窄，内心充满仇恨，把戚夫人做成人彘，抛在厕所。我想即使她走上了权力的巅峰，她的内心也是荒草萋萋，蛇蝎成群。她害了戚夫人，也害死了自己的儿子，连她自己的亲生儿子都说她不是人，她有什么快乐可言？心胸狭窄，快乐失去，吕雉作古，后人痛骂！

怎样得到生命的真正快乐呢？卓琳女士做出了很好的回答。快乐是一种感觉，它来自内心，所以要修炼内心，使之博大，使之真诚，使之充满善和美的阳光。

快乐不是私有物品，快乐因分享而增值，快乐因奉献而闪光。

孟子的“乐以天下，忧以天下”，范仲淹的“先天下之忧而忧，后天之乐而乐”，甘地的非暴力不抵抗，马丁·路德·金的我有一个梦想……

博大可以稀释忧愁，博大可以使快乐真纯，你想得到生命的真正快乐吗？那么，就请你修炼内心。

追求和差距　本是同根生

有差距才有追求,有追求才会有差距。　——题记

(一)

孙权微笑着,鲁肃等待着,吕蒙呆滞着。

一个简单的问题,一个军事的常识。

吕蒙的脸红得像块红布,因为他回答不上来。

孙权依然在微笑,鲁肃依然在等待。孙权的微笑含义深刻,鲁肃的等待,充满忧虑。

吕蒙的对手是关羽,一个强劲的对手,知兵法、晓《春秋》大义的对手。吕蒙知道,他和对手有巨大的差距,这一点孙权、鲁肃也知道。

吕蒙转身离去,十分坚决,孙权一声长叹,鲁肃的目光中有些许的期待。

三日后,吕蒙求见,与孙权、鲁肃谈论用兵之道,孙权大惊,叹道:“士别三日,当刮目相看！汝非吴下阿蒙矣!”

差距是种动力,促使吕蒙追求。

于是,吕蒙突飞猛进,于是,他带白衣兵士奇袭荆州,于是百胜将军关羽败走麦城。

(二)

夕阳斜晖,颍水长流。

一群雇工在河边的垄上休息,天空有鸿鹄飞过,高声长鸣,声震九天。

那群雇工中有一人长叹:“苟富贵,勿相忘!”

一阵嘲笑声，在颍水河面上荡开，连对岸的柳树也仿佛在嘲笑。

那人又喟然长叹："燕雀安知鸿鹄之志哉！"

于是，若干年后：

沙场上，一骑绝尘，前面的秦军，狼狈逃窜。马上那人一回头，我们看到他就是在颍河边长叹的人，他叫陈胜。

烈日下，几个人弯腰曲背，拉着犁，汗水滴下，浸入干坼的土地。垄上，土地的主人在大骂。这几个人就是当初嘲笑陈胜的雇工。

不同的追求，才有了这么大的差距。

（三）

历史作证，追求和差距本是同根生。

看清差距，勇于追求，别让巨大的差距在起点上就产生。

节日的迷失　传统的失落

几个中学生的谈论，流露出对传统节日的冷漠，对于年纪大一些的人来说，这是不可理解的，其实节日的迷失，正表现了传统的失落。

传统的失落是因为社会的发展，时代的多元。很多传统的节日和古代社会的农业文明有着密切的关系，例如中秋、春节，除了家人团聚、共叙天伦外，在古代其实还有庆祝收获或者为劳动做准备的作用。更为明显的是已经消失了的传统节日像春社、秋社等，这些节日是为了祭奠土地神的。现代社会是工业文明高度发达的社会，即使是农业也已经机械化、技术化，人们掌握了科学的规律以后，对于神的信仰也就衰落了，那么具有很明显的农耕时代特点的节日的失落也在所难免。另外，当今这个时代是一个多元的时代，很多外国的节日传入中国，以新颖的形式，深厚的内涵打动着已经具有了开放眼光的中国人。思想的多元，选择的多样，必然导致中国传统节日的失落。

传统节日的失落还因为其本身的原因。传统节日的形式虽然各地不一样，但是对于某一地域来说，相对还是固定的，像北方的祭灶、守夜、吃饺子、看春晚等，多年来是老一套，没有新意，缺乏创新，本人从小时候就过这样的春节，到四十岁了还是过这样的春节，早已产生了审美的疲劳。传统节日期间，人们胡吃海塞，尽情放纵，尽情休息，也很影响健康，这样的过节方式也影响了传统节日的传承。传统节日本身也缺少包容性，没有将外国节日的优点吸纳进来，不能与时俱进。

传统节日的失落还因为其中的封建因素，在春节、清明期间，这一点体现得更为突出。

中华民族有着非常悠久的历史，它的文化渗透到了很多传统节日当中。随着中国走向国际化，随着时代的进步，有些节日最终消失在人们的视野中也是在所难免的，但是有些节日具有民族性，包含了中华民族的精神，例如清明、端午，对祖先的追念，对崇高的张扬，对爱国精神的传承，都与这些节日密不可分，所以怎样避免这些节日的消失，是一个必须要考虑的问题。

国家很重视这个问题，所以就设立了传统节日放假的制度，这是很好的，但是还是远远不够的，我们要把对这些节日的保护当成一个完整的系统工程来做，要申请进入世界非物质文化遗产名录。当韩国的江陵端午祭申遗成功后，我们很是气愤，但也正说明了我们在这个方面思维的落后，工作的不力。所以意识很重要，思路决定出路。

另外，我们的节日要与时俱进，融合外国的一些优秀节日的特点，既坚守传统，又勇于创新，也许这样我们的节日会走出迷失，我们会拯救传统的失落。

中学生的谈论是他们真实的感受，更是一声号角，一个警钟。

大学生"啃老"为哪般

啃老现象古已有之，而今尤甚。据一就业统计称 2011 年毕业的大学生未就业的五十七万中就有十万在啃老。这一数据令国人惊讶，不禁会问如此啃老为哪般？

本人以为青年人啃老实属无可奈何、迫不得已，这与中国的社会特色与时代状况密不可分。

一曰父母愿意被啃，对于中国大多数家长而言，被啃是一种快乐，是一种幸福。自古以来，中国就是一个十分重视血缘和亲情的国家，人们重视天伦之乐，珍惜家人感情，对于后代往往包办过多，干涉过多，为后代准备得过多，所以子女的依赖思想重，生存技能差，在孩子找不到工作时，父母们甘愿孩子回到自己面前，这不但可以保障孩子安全，而且可以享受天伦之乐、绕膝之欢。当然家长也不会短视到让孩子啃自己一直到死，啃老期只是一个缓冲带，他们会在此期间培养子女，以期孩子最终走出家庭独立于社会。这就是为什么某省出台禁止啃老的法规却被家长反对的原因。

二曰当今社会就业压力大、就业困难。随着城市化进程的加快，很多人都涌向城市，例如广州十人当中有一半是外地人、打工族。就业岗位有限，就业人数众多，所以就出现了一个环卫工人的岗位几千人竞争的局面。也许你会说大学生比民工更有竞争力，这固然不错，但这么多年大学扩招，研究生扩招，高学历的也是人才济济。他们是不会竞聘当环卫工人的，他们的目标是更优越的职位，所以就业压力依然很大。再加上用人单位的情况、应聘者的期待视野等综合原因，刚毕业的大学生在职场的厮杀中败下阵来，也情有可原，无可厚非。

他们失败之后,回到父母的身旁,在父母的羽翼下,舔舐流血的伤口,为下次展翅做准备,有何不可?这应该比仇视社会,去偷去抢堕落沉沦,好上一万倍吧?

三曰大学生个人原因。就业是大学生生命中的又一重要选择,直接影响他们的人生走向和未来幸福,慎重谨慎也可以理解。没找到合适岗位,先回到家中,对自己重新审视和定位,也不失为一种好的选择。“玉在椟中求善价,钗于奁内待时飞”嘛。

综上所述,大学生如此啃老出于时,出于势,出于人,可以理解,不必大惊小怪。当然,也不排除一部分大学生有啃老的不良心理,但我觉得大部分青年人最终都会摆脱对父母的依赖,飞向自己的天空,创造个人的精彩。

带着灵魂上路

在人生路上,我们走得过于匆忙,以致灵魂落在了后面,因此我们必须等一等灵魂。

灵魂栖息在厚厚的皮囊之下,安定在错综的骨架之下,繁华的物质不能让她丰满,喧嚣的市廛不能让她安静。而人总是汲汲追求身体的安逸,口腹的满足,名利的快感,在物质中迷失了自己的灵魂。

不等等灵魂,灵魂会落队,生命就会出问题,人类也会出问题。文强、成克杰等贪官就是这样,他们在仕途上顺风顺水,在物质享受上贪欲无限,忘记了洁身自好,抛弃了道德修养,把灵魂抛到脑后,终被法律制裁,走向了毁灭。

广厦万间,睡觉时只需一张三尺之床;菜肴万千种,吃饭时也仅需饱腹,弱水三千吾只取一瓢饮。何必汲汲于名利,戚戚于富贵,在物质的路上走那么快呢?

我们要等一下灵魂,和灵魂一块上路,做灵肉统一的人。

融入大自然中,听一听鸟鸣,嗅一嗅花香,和灵魂对话,省查自己的内心。想一想我拥有什么,我还想要什么,不要用加法来计算生命,而要用减法计算生命,珍惜每一个现在,让充实成为一种常有心态。

要学会反思,就像荀子讲的"君子博学而日参省乎己,则知明而行无过矣"。巴金就是一个善于反思的人,被称为社会的良心。他写了一篇文章《小狗包弟》,反思自己在"文革"中对小狗包弟所做的一切。"文革"让很多人的良心和灵魂失去,但很多人不反思,而巴金先生对人性进行了深刻反思,在创作之路上等灵魂,在人生路上和灵魂并肩携手。

作为一个集体和民族也应该有灵魂,带着灵魂走在治国或者发展的路上。作为一个国家也该如此,用先进健康的精神文化引领人民和国家,带着宝贵的灵魂上路。

人是会思考的动物,人类是有灵魂的物种,如果失去灵魂就和一般动物没什么区别,表现出来更多的兽性,那无异于社会的退步。

带着灵魂上路,是人类的追求,也是文明社会的标准。希望每个人都带着灵魂上路,不仅生存更要生活,不仅物质更要精神。

生命的出口

生命很容易陷入困境，有的时候是一个真实的困境，有的时候是一个臆想的困境。但是无论是怎样的困境，我们都像是被痛苦、无奈、忧虑、愤怒束缚住的蚕蛹，无论是怎样挣扎都无济于事，难以摆脱。其实只是心灵陷在了一种自己制造的思维中。

看看在困境中挣扎的心灵吧！

哈姆雷特在黑夜里彷徨，在迷雾中呻吟，是生存还是毁灭？司马迁在牢狱中辗转难眠，是接受宫刑、屈辱地活下去写成“究天人之际，通古今之变”的“一家之言”，还是对刀图一快、不负英雄名？连那个豪放的李白，也在“大鹏一日同风起”和“且放白鹿青崖间，须行即骑访名山”之间徘徊。更不用说那个北宋的才子了，当遭遇文字狱，身陷监牢，也是生命苦于没有出口！从而他想到唯一的选择“死亡”，所以写下了那首非常有名的七言律诗：“圣主如天万物春，小臣愚暗自亡身。百年未满先偿债，十口无归更累人。是处青山可埋骨，他年夜雨独伤神。与君世世为兄弟，更结来生未了因。”令人读之感慨嘘唏，不知他生命的出口在哪里？

其实生命本身就是一个困境。生命是美好的，无论是你遇到多大的困难，很多人都不愿意自我了断，所以好生恶死是人之本性，应该有百分之八十的人会认可人生是美好的这一观点。生命是美好的，但生命又是有限的，所以说生命本身就是一个悲剧，无论你是怎样增加生命的乐趣，死亡必定是一个悲剧的结局。庄子混同生死，方死方生，史铁生把死亡当成一个盛大的节日，我佩服他们的修养和境界，但是我总觉得这其中有自欺欺人的味道。所以我的结论是生命本身就是一个困境。

那些佛陀,更是看清了生命这一困境。佛说:人有八苦,生苦,老苦,病苦,死苦,怨憎会苦,爱别离苦,求不得苦,五蕴炽盛苦。对于这一点我非常赞同,很多佛家弟子也非常赞同。但是他们寻找的出口不能令人信服,他们说:唯有身心放空,方能人离难,难离身,一切灾殃化为尘。这本身就是对客观存在的否定,其实每个生命的存在都是真实的,你是不能否定的。佛教的观点和老子的很接近,老子说:吾之大患,在吾有身;如若无身,何患之有?但是这是不对的,我十分赞成王羲之的"固知一死生为虚诞,齐彭殇为妄作"。"天空没有留下鸟的痕迹,但是我已经飞过",即使飞过也是曾经存在。

自从人类进入文明社会,有了很强的自我意识,人们就意识到了这个困境,就在寻找出口。有的"对酒当歌",在美酒、美食、美女中了却此生;有的将生命交给战场,慷慨负义去,马革裹尸还;有的是青灯古佛、晨钟暮鼓;有的是归隐田园,躬耕陇亩;有的是浪荡市井,游戏坊间;等等。但是生命的烈日渐渐收取它灼热的光辉的时候,这些方法都无法填补内心的空虚,死亡像是一个巨大的黑洞吞没你所有的充实的感觉。

生命的出口还在你的心中,有人想通过回忆过去、联想未来来突破困境的包围,但是他恰恰丢失了真正的当下。生命是由一个个珍贵的当下组成,过去和未来并不是生命的真正的构成成分。所以生命的出口只有一个就是活在当下。让你的听觉、视觉、触觉都活在当下,让你的生命的触须和周围的一切紧密联系起来。

你不要想着已经变成了云烟的过去和无法触及的未来,除非是你为了现在而参考过去和未来,除非是你为了创作和总结。通常的情况下,你的生命要在现在、眼前,让你的思维临在,临在!

远离智能手机　拥抱人间真情

智能手机、平板电脑深入生活的各个角落，并使社会形成新的种族——低头族；高科技产品在方便人们的同时，也拉远了人们之间的距离，使现代社会的人们心灵是如此地疏离。所以我们要远离智能手机，拥抱人间真情。

智能手机是工具，一种为人类服务的工具，我们要操纵它，而不是被它操纵。合理使用航天工具，我们探索广袤的宇宙；合理使用交通工具，我们延长了自己双脚丈量的距离；合理使用医疗工具，我们战胜病魔，延长了生命。工具的本质是为人类服务，如果在为人类服务的过程中，工具损害了人类的肉体和精神，那工具就失去了它的本质和意义。

可是在使用工具的过程中，人被工具化、物化的现象时有发生。曾经看过一幅漫画，上面部分是一个人卧在床上吸大烟，下面是一个人躺在床上看手机。漫画巧妙类比，讽刺深刻，人在使用智能手机时，已经被工具化，已经深陷其中难以自拔。有的甚至失去了人性，只有工具的冷冰冰，如江西一个学生因为老师没收了他的手机而将老师杀害；如有些爱慕虚荣的女生为了买苹果手机而卖掉身上的器官，甚至还有出卖肉体和灵魂的。所以智能手机已严重伤害了人类，成为奴役人类的外物。如此下去，人性不再，亲情流失，那这个结果是发明手机的人最不愿意看到的。

远离不是拒绝，是提醒大家使用智能手机要注意方法，这样我们就能重拾人性的温暖。当亲人相聚、朋友相逢、长辈在前、情侣在旁的时候，不妨先放下你手中的智能手机、平板电脑等高科技产品，细心聆听他们的絮语，认真体察他们的喜怒哀乐，和他们倾心交谈，亲密相伴，把人性的温暖召回，将亲情的温度调高。当你工作时，你需要用手机沟通时，你不妨好好使用。请注意手机只是你生命的一小部分，它是为你的生命的精彩而来，不是为你生命的萎缩而来，不能让它损害人生、人性。

可以用智能手机拥抱人间的真情，把它变成沟通心灵、记录温馨、感受自然、创造奇迹的工具。你可以用它记录清晨的第一声鸟鸣，你可以用它拍摄满面皱纹的笑容，你可以用它编辑温暖人心的视频，你可以用它写下深情绵邈的文字。

将现代高科技和诗意的生活结合，这是理智而人性的选择。

远离智能手机，隔着一段距离审视它，以不伤害真情和人性的原则使用它，让人间真情常在，让现代科技和人性融合。

不自傲不自卑

自傲,就是建立在自我膨胀上的自我炫耀。它是对自我的一种错误的认识,这种认识是建立在对自己过高的估计上的。

有的是因为自己的外在条件而自傲。或者衣着光鲜,或者容貌映丽,或者条件优越,或者出身显赫,或者名声远扬,或者成就卓著,等等,皆是依凭外在的东西而自我膨胀,自我过高地肯定。

有的是依凭自己内在的东西而自傲。或者头脑灵活,或者内涵丰富,或者造诣颇深,或者技艺高超,等等。他们依凭着内在的优势,认定自己高于同类,超逸不凡。

无论是因为什么而自傲,都是境界不高的表现。外界条件本不可长久依仗,因为它是可变的;内在条件可以依仗,但是那些依仗内在条件自傲的,往往并不是真正达到了巅峰,况且内在的修养是无止境的,永远是更高,而不可能是最高。

自傲的人可能有较好的条件,但是他不明白这个较好的条件只是相对的,你处在高处,但是山外有山,人外有人,别人在你的更高处。自傲的人是不能用变化的观点看待世界的人,自己的优势也许在不思进取的前提下成为劣势,别人的劣势也可能在不懈努力的前提下转化为优势。自傲的人不明白在外在条件和人这两个因素中,“人”才是核心的因素,人的主观能动性一旦被调动起来,那么客观环境和条件是可以被改变的。所以自傲的人是目光短浅的人,因为自傲的人眼中只有自己,眼中只有自己的辉煌,而这种障碍性的眼光,一定会影响他的判断,影响自我的进步和发展。

自傲是一种寻求安全的心理机制。它需要从自己的肯定和别人的吹捧中，得到自我价值的实现，从而获得一种安全的感受，觉得自己远离了黑暗的森林，走进了阳光普照的天堂。

自傲是一种很严重的病症，需要医治，需要根除。

这种病要靠修养来治疗。要修业，专业修炼，书海夜航；要修身，修谦虚之身，修进取之身；要修心，除去骄傲之心，常存反思之心。虚怀若谷，大智若愚。

自傲的气球一旦被扎破，就会缩成一小团，成为自卑。

自卑是一种自我否定、自我削减、自我堕落的心理意识。它也是一种错误的自我定位，这种自我定位是建立在对自己过低的评定上。

自卑的原因和自傲有相似之处，或者来自外在，或者来自内在。只不过自傲是拿着放大镜照自己，而自卑是拿着缩小镜照自己，将自我无限缩小。

自卑的心理和自傲的心理有相通之处，都是循环往复地进行。自傲是不停地扩大，一遍遍强化放大的意识；自卑是不停缩小，一遍遍强化否定自己的意识。

自卑也是一种寻求安全的心理机制。它要意识从现实环境中退回来，退到心灵的深处，退到阴暗的角落，疏远交往，疏离社会，在小角落里舔舐着自己用刀子割开的伤口。自卑者眼中的世界也是静止的、停滞的，他也是不能分清外在条件和人两者的主次，明辨两者的关系。

自卑也是一种很严重的病，需要医治，需要根除。

治疗自卑要用知识的滴眼露擦亮认知的眼睛，用见识的泉水滋润干涸的心灵，要打开封闭的心门，放进现实的阳光。走出去，走向原野和社会，走出自我封闭、自我否定，用理智的光线，扫描自己的优点，然后存储进意识的大脑。

所以不能自傲，更不能自卑。

不自傲方能近乎道，不自卑方能近乎成。

心的方向

心的方向，就在远方，追逐我的梦想，我的方向，心的方向。

——题记

黄昏，晚风轻抚垂柳，小室内传出周华健的歌声，我的心随着那歌声飞远。

我来到晋代，巍峨苍翠的庐山脚下，月光如银，在一条弯弯曲曲的小径上，走着一个宽袍大袖的中年人，他肩上扛着锄头，口中吟唱着诗句："种豆南山下，草盛豆苗稀。晨兴理荒秽，戴月荷锄归。道狭草木长，夕露沾我衣。衣沾不足惜，但使愿无违。"这不是陶渊明吗？他的愿望是什么呢？不就是躬耕陇亩，归隐田园吗？他讨厌污浊的官场，于是他选择了自己的方向。这方向是心的方向，他在《归园田居》里面写道："少无适俗韵，性本爱丘山。"于是他回到大自然，在东篱边一站，把酒赏黄花，悠然见南山，就成了永远。心的方向决定了他人生的方向，决定了中国古代一大批文人的方向。

我来到唐代，浣花溪旁的一间草屋里坐着一个很瘦的男子，他在吟着诗句："致君尧舜上，再使风俗纯。穷年忧黎元，叹息肠内热。"这不是杜甫吗？他少年时代就立下远大的志向，要辅佐君主，大济苍生，这是他的梦想，是他一生追逐的方向，当然也是他心的方向。即使到老年，他也没有改变这个方向，他在《登岳阳楼》吟唱道："亲朋无一字，老病有孤舟。戎马关山北，凭轩涕泗流。"于是诗歌的天宇中升起一颗北极星，指引着无数后人的方向。

韶山，烟云缭绕，几千年前的韶乐仿佛还在山水云雾间回荡。一个十几岁的孩子,拿着雨伞,背着行囊,向山外走去,因为山外有他的理想,他的方向。他的口中朗诵着一首诗:"孩儿立志出乡关,学不成名誓不还。埋骨何须桑梓地,人生无处不青山。"他是谁?他就是中国新民主主义革命的领袖毛泽东,他朗诵的是留给父亲的一首诗,他离开了家乡,在心的方向的指引下,走向外面的世界,于是他人生的方向确定了,中国新民主主义革命的走向清楚了。

我的心飞跃国界,来到南部非洲。月光穿过宽大的棕榈叶,照在窄狭的囚室之内,一个高大的黑人在囚室内踱来踱去,他还在喃喃自语:"要为黑人的平等、自由斗争到底,要采取和平的方式,要铸剑为犁。"他不就是纳尔逊·曼德拉吗?他说的就是自己心的方向,他心中的这盏灯也为南非的独立指明了方向,后来他成为独立的南非的第一任黑人总统。

周华健的歌声已经停歇,而我的心依然在飞翔。夜已经降临,而我的眼睛并不是一团漆黑,因为我的心中有一盏心灯,它指明了我人生的方向。

请您为自己点一盏心灯,将人生的前程照亮。

又是秋风叶落时

秋风清,秋月明,落叶聚还散,寒鸦栖复惊。

我就是那只寒鸦,看黄色的落叶如黄色的蝴蝶,在萧瑟的秋风中,飞舞!

记忆随着黄色的蝴蝶回到了家乡,颍河大堤内侧,白桦林里,秋风吹拂,黄叶纷飞,真是"无边落木萧萧下,不尽颍河滚滚来"啊!

我和妻在黄叶纷飞的白桦林内散步,心情宁静而肃穆,我们刚刚祭奠过岳母,一个慈祥、博大、忍耐的母亲,她在冰冷的地下已经睡了三年。

她的坟墓在颍河南侧的麦地里,一个小小的坟堆,在秋风落叶中显得那么的孤独,我们摆好祭品,点燃纸钱,纸钱的灰烬飞向空中,像黑色的蝴蝶,去追逐黄色的蝴蝶。

岳母是在 2006 年的秋天得的病,一开始以为只是感冒,但是一直不好,后来查出是肺癌,然后是化疗,化疗使她满头的白发掉光,使她消瘦的身子更加消瘦。她支撑了一个多月,在深秋的一个早晨她闭上了眼睛,像一片黄叶在风中飘了一段时间,终于落地。

岳母下葬时,秋风很凉了,村头的白杨卸下它的盛装,裸露着臂膀,在秋风中瑟瑟发抖。灵柩放下去了,泥土填满了墓坑,坟头渐渐堆起来了。放了鞭炮,烧了纸钱,黑色和黄色的蝴蝶弥漫了我的双眼。岳父没有到坟地里,因为儿女们怕他难过,所以不让他来。

后来岳父戒了烟,他已经有三四十年的烟龄了,年轻时戒了好多次都没有戒掉,但是这次戒掉了,毫不犹豫地戒掉了,他内心是多么的痛苦,多么的自责啊!

岳父从来不听流行歌曲，但是自岳母去世后，他常常听庞龙的《两只蝴蝶》，一边听一边暗暗流泪，一次我看到了，他擦擦泪悄悄地对我说："这歌真好，真好啊！"

每年秋风起秋叶落时，我们都会回老家祭奠岳母，祭奠后我就和妻在白桦林里散步，看黄叶纷飞，静静地看黄叶纷飞。

又是秋风叶落时，我在千里之外，这里没有如黄色蝴蝶一样纷飞的落叶，偶尔一两片不太枯黄的落叶，直直落下，急于投入大地的怀抱。

母亲，今年秋天，我不能到您的坟前祭拜了，我只有让秋风带去我的思念。

郁达夫说，北国的秋来得特别的清，特别的静，特别的悲凉，要体味秋味，必须到北国去，他说得很有道理，我身在南国，但是心灵已经到了北国，到了那生我养我的北国。

又是秋风叶落时，我在南国的碧桂园寻找生命的意义，母亲您一定能理解我，您的眼睛在看着我，给我支持。

黄叶下，我遥寄思念；秋风中，我默默前行。

把灵魂灌醉

想把灵魂灌醉,这是一种痴狂的想法,最终的结果是灵魂越来越清醒。

《屈原列传》中那个可爱复可笑的渔夫建议屈原“举世混浊,何不随其流而扬其波?众人皆醉,何不哺其糟而啜其醨?”这是一种可笑的方法,伤害了人的灵魂,可达不到麻醉灵魂的效果。

我们总以为借酒可以消愁,这也许有一定的道理,酒精只能让你暂时地忘记忧愁,决不能真正地消解忧愁。当酒醉的灵魂,从混沌中醒来,面对依然存在的那个世界,他会觉得那个世界更加清晰,更加荒谬。酒醉的暂忘只能当成长久清醒的反衬,让人更加不能接受这个冷酷的现实。

李白在《将进酒》中大喊,“莫使金樽空对月”“千金散尽还复来”。他要豪饮,他要大醉,但是他真的醉了吗,他的诗带着几十度的酒精,但是他的文字比谁的都清醒。“陈王昔时宴平乐,斗酒十千恣欢谑”,陈王为什么要这样?李白比谁都清楚,借酒来抗拒这个清醒的现实,暂时麻醉自己的灵魂。李白喊道:“五花马,千金裘,呼儿将出换美酒,与尔同销万古愁。”灵魂的短暂麻醉换来的是灵魂万古的清醒和惆怅,所以为什么还喝呢?为了暂时的愉悦,承受更清醒和撕裂的痛苦,不如不喝!

但是啊,但是啊,我们往往用酒精暂时麻醉灵魂。我的灵魂在昨晚喝醉了,但是即使酒醉时我的灵魂也没有完全忘记这个清醒的世界。在清冽的晚风中,在冰凉的丝雨中,我的灵魂睁着眼睛,我想到眼前的岁月,想到万古的寂寞,想到眼前的分别,想到永久的别离。“纵有千年铁门槛,终须一个土馒头",这是不变的规律。

没有风的午夜,也没有星星,我独自去远行,前方是孤独的旅程,背后是繁华的人生。

对酒当歌,清醒地唱着人生的短暂,灵魂醉酒,放大了生命的理性。现在是凌晨三点,我的灵魂已经从醉酒中醒来,睁大了眼睛看这个世界。你经历过这样的痛苦吗?你的灵魂如此清醒!

提篮春光看妈妈

妈妈给我了整个春天，我却只能送她一篮春光！ ——题记

（一）

风波亭，月光昏暗，我浑身如火烧一般疼痛，但我心中春光骀荡。背上“精忠报国”四个大字是妈妈给我的沉重的嘱托，我铭记在心！我绝对不能向奸臣投降，眼前刀光一闪，我的灵魂出壳。

妈妈，我要去看您了，我要提一篮春光去看您，我要送您一篮春光——我的坚守、我的真爱送给您！

（二）

汨罗江，阴风阵阵，我一边走一边吟哦：“路漫漫其修远兮，吾将上下而求索！”但是“信而见疑，忠而被谤”，我想离开这块热土，去寻找新的精神家园。我的马车向远方奔驰，但为什么我心如刀割？

“鸾鸟凤凰，日以远兮；燕雀乌鹊，巢堂坛兮”，面对奸佞小人，我愤怒；“长太息以掩涕兮，哀民生之多艰”，面对水深火热中的人民，我流泪。我知道我心痛是因为我离不开这方热土，生我养我的热土，她就是我的妈妈，我的根就在她的土里。

那个渔夫劝我：“沧浪之水清兮，可以濯吾缨；沧浪之水浊兮，可以濯吾足。”我明白他的意思，但我做不到。

妈妈，我来了，汨罗江是您温柔的眼睛，我安睡在您的眼睛里。我来看您了妈妈，我提着一篮春光看您。您给我了整个春天，我却只能送您一篮春光！

（三）

这片黑土地，肥沃得冒油，她给予了我强健的体魄。小时候，当春光撒满大地的时候，我在草甸上采野花，到森林里寻蘑菇，在妈妈的怀抱里我不会迷路。

然而，现在，日本鬼子把战火烧到了这里，这方大地，这生养我们的母亲，遭受蹂躏，在痛苦中呻吟！

黑土地的儿女从来不会服输，深山密林里，林海雪原上，有我们组织的队伍，而我就是其中的一员。

当战友们纷纷倒下，当山中再也找不到野鼠，当我已是弹尽粮绝，当日本鬼子嚎叫“活捉支那猪”的时候，我心中涌动两种感情：对日本鬼子的仇恨，对这块母亲般大地的挚爱！

我战死了，当敌人剖开我的肚子，看到其中的野草、棉絮时，我的灵魂在微笑。我提着一篮春光去看妈妈，我将永远栖息在妈妈的怀抱。

（四）

提篮春光看妈妈是天下所有赤子的心愿；

提篮春光看妈妈是世间最温情的画面；

提篮春光看妈妈是最有文化底蕴的动作！

道——在近处易处求

王安石在《游褒禅山记》中说:“夷以近,则游者众;险以远,则至者少。而世之奇伟、瑰怪、非常之观,常在于险远。”这句话给人的感觉好像是“道”在远方,只有不怕险阻才能求得道,这固然有道理,但是我认为道也可以在近处、易处求。

道是一个普遍的真理,它存在于远方和难处,也存在于近处和易处。我们往往被一种定势思维迷惑,认为美景只在远方,“无限风光在险峰”,殊不知就是因为这种思维,使我们忽视了近处、易处的风景,忽视了从近处、易处也可找到道的道理。

一个和尚,云游四方寻找佛的真谛,但是都没有找到,于是回到家乡。正值梅花开放,他仔细欣赏梅花,突然大悟:佛的真谛,就在盛开的梅花当中,何必到远方找呢?这个和尚的故事就告诉我们,人们习惯于舍近求远,习惯于向往远方,所以对近处就视而不见了,其实近处的普通事物也能给你启迪和深思。

日月的运行,岁序的更新,人世的交往,吃饭穿衣,这里面都有道理,都有规律,我们的古人就是因为关注这些,所以才尝一脔之肉而知一镬之味,一叶落而知天下皆秋。一部《易经》就是古人对周围事物的探究结晶,一部《论语》就是人世现象的解释。远方固然美好,近处何尝不佳。徐霞客探究千里之外,有了《徐霞客游记》;法布尔就在家乡,就在小小的昆虫上求索,也有《昆虫记》这样的名著。我从来不否定远方和难处,但也要提醒大家注意近处、易处的事物。

不能从近处、易处找到道,是因为你是心灵的瞎子,就像那句话说的那样,“生活中不是缺少美,而是缺少发现的眼睛”。不能从细处、小处发现道理，看出危机，最终就会“小窟窿掏出个大螃蟹”，弄得事情不可收拾。一个小孩子不听话，打了家里的小猫咪；惹得妈妈生气，妈妈到了公司里面就对着员工发脾气；员工受到这不良情绪的影响，工作不认真，致使生产的船只有质量问题，后来船只在行驶的时候沉下去了，死了几百人。这个后果就非常严重了，这虽然是个设例，但是这可以告诉我们情绪具有传染性、做事不可不理智的道理。所以那些小事情也蕴含着大道理，我们不可不深思，要善于从近处、易处悟道，知道人生的意义，生存的道理。

近处、易处的道理是隐性的，它隐藏在纷繁复杂的生活现象当中，我们要细心，更要善于分析。“一朵花里看出一个天堂，一粒沙里看出一个世界”。我们要善于观察，我们要善于近距离地观察，观察外在的微小事物，观察内在的微小情绪。

人生天地间，如白驹过隙，忽然而已。珍惜这人生就要珍惜这近处、易处，不要好高骛远，也不要舍近求远。

道——应在易处近处求，只有战胜了自己，才能赢得宇宙。

第四辑

我亲爱的个性学生

在杏坛的朝晖夕阴中，和每一个鲜活生命的邂逅，都是生命中一段美丽的记忆。那些学生的个性生命总是闪烁着熠熠光辉，照亮我凝视的眼眸，照亮我审美的灵魂。所以我要记下曾经的过往，绘下他们的形象。

即使我的画笔十分拙劣，即使我的着色还有些幼稚，但是在这个照片满天飞的时代，文字的图画也有它不可替代的意义。

风翻墨浪走蛟龙

——悼念李长龙同学

他是一个已经远离了我、远离了尘世的学生,我的学生。

他本来是十六班的学生,文理分班,来到我十七班。

他言语很少,见到老师总是憨憨地笑一下,他黑黑的脸上的微笑我永远不会忘记。

我安排他担任小组长,他工作十分负责。有一天已经放学了,我转到班内看看,只见李长龙一个人在扫地。我问他,他说轮到他们值日。我问,其他同学呢,他说都走了,还说没事,他自己可以,然后憨憨地笑了。

离高考还有一百天的时候,那一天,前两节是数学课,我没有课就回家拿U盘拷贝一个材料,八点四十五左右李老师打了一个电话,我的手机是震动状态,所以没接到。后来,看到后,我连忙回过去,李老师说赶快来,李长龙昏倒了。我当时想肯定是早晨没有吃饭饿晕了,没什么大事。

我来到学校大门口,看到校园的大路上乌压压一片人,仿佛是一片很浓的乌云,向我压来,我的心一紧。

救护车来到门口,我和几个同学把他从校车上转移过来,王宇说还有脉搏。抬到救护车上,一个医生模样的人翻了一下李长龙的眼皮,说已经死了半小时了。黄普等几个同学大喊,不可能,刚刚晕倒。我的手脚冰凉,仿佛掉入了冰窟。

来到医院急救室,医生马上进行了急救,但是已经无济于事了。黄普、肖飞、李计兵、谢宇轮番按压长龙的胸脯,郭想、王慧莹、徐新宇、王娟满脸泪花拼命喊着李长龙的名字。我已经是个傻子,不知该怎么办,世界很拥挤但是也很空旷。

同学们都来到医院,走廊内哭声一片,王宇在那里大喊,为什么救护车不及时赶到? 学生们都成了泪人,我也泣不成声。

据同学说,八点四十分左右,李老师正在讲课,李长龙同学突然向后倒,后面的申洪源、赵子涛同学还对他说:“李老师正在讲课呢,你能坐好吗?”但他不能坐好了,李老师发现情况不对就拨打了120。后来经医生诊断是心脏猝死,实在是没有办法。

长龙同学的父母回来以后哭得死去活来,我真是无颜面对学生家长。虽然家长始终没有责怪学校和老师,但是我的心在油锅中煎熬。为什么,苍天太无情,造化太无情,手中握着生死权,随随便便显威风!

过道的风十分冷,黑夜如死神的黑色斗篷,很多同学为长龙守灵,而长龙的尸体已经冰冷。生与死,一个门槛,一道鸿沟!

长龙走了,也许他乘着墨浪化成了天界的神龙,祝你腾空,祝你永生。谢宇的诗句,你肯定能读懂。

离高考还有二十九天,同学们的干劲都很大,长龙,放心吧!

但是,长龙,你可知道,你可知道你是我心中一辈子的痛,我一生也难以将它消融。

为女人插朋友两刀——徐胜

徐胜,我2003届的学生,是一个很有个性的学生。

他很调皮。一次上语文课,我讲得十分投入和陶醉,突然听到下面有咔咔的声音,循声望去,看到徐胜同学在认真地修剪自己的指甲,也十分投入和陶醉。这是对我这个班主任极大的蔑视。我勃然大怒,把他的父母请到学校,但他始终十分镇定,面带笑容。形式上我胜利了,实际上他胜利了。

他很放纵。2003年非典期间,学校封闭,全班大部分同学被封闭在校园内。那时正值高三,模拟考试很多。一次模拟考试,由于许多教室改成了寝室,考场不够,所以就在操场上考试,有点沙场秋点兵的味道,颇为壮观。但徐胜旷考了,我找遍学校各处也没有找到,考试快结束时,我在厕所旁边找到了他,他依然满脸坏笑。我勃然大怒,我歇斯底里,我的吼声在学校上空回荡,许多学生都聚拢来看。他却平静地说:我在操场草丛中睡着了。我终于把他撵出了封闭区,让他回家复习去了。

但是,他十分聪明,成绩一直很好,在班内名列前茅;他也十分尊敬老师,无论我怎么批评,他从来没有顶过嘴。

他很固执。高考他考了484分,填报志愿时,我让他在重点栏里也填几个。他认为,根据去年的重点分,他根本上不了重点,而且本科也要报比较差的学校,于是重点栏坚决不填,二本栏只填了一个西安石油大学。分数线下来,全班十八个同学达重点线,也包括他,但只有他没有上重点学校。我为他遗憾,但他好像没有什么遗憾。

在网络上见到他,他的网名叫“神”,在名字的后面有一个括号,里面写着——为朋友两肋插刀,为女人插朋友两刀,我为之绝倒。

好久没见徐胜了,很想见见他。现在的班内,有一个叫许胜的,是副班长,看到许胜就想到徐胜。徐胜,你在哪里,还好吗?

独一无二——范吾阳

你好,范吾阳,其实我很欣赏你。

你很聪明,语文课上,你反应非常敏捷。虽然你常常剑走偏锋,但是我还是可以看出你思维的灵活。

你很叛逆,在高一时我就听到过你的大名,你曾经把那个被同学们称为"面条姐姐"(头发像面条)的女老师气哭,你曾经被班主任要求请家长。后来,你选择了学理,来到了二十班,但是你的个性没有改变,依然叛逆。你在作文练习时,要求给你的作文打零分,你说你就想写一篇零分作文,你想以这种方式达到自我的实现。但是我也很个性,我就是不给你打零分。

一次考试,作文题目是"行走和飞翔",你写了一篇让我忍无可忍的作文,你的文章曰:"我是一只大公鸡,我为什么要飞翔?我喜欢在地上,地上有小虫子,还有很多母鸡围着我。我不想做老鹰,那些鼓励我们做老鹰的人在欺骗我们。"你终于得了零分,你十分高兴,我万分悲伤,这是我的失败。吾阳,你郭老师只有向你缴枪,你有胜利的喜悦吗?你这个不懂事的孩子!

上语文课,你基本保持匍匐的姿态,当有同学违纪被我批评,你就会立即坐直,大喊:"宫刑,宫刑!"惹得全班男生大笑,女生脸红,而你洋洋得意。

因为你太不像话,我用尺子打了你,打得肯定很痛,但你依然嬉皮笑脸,让我束手无策。

如果你努力,你肯定能学好,有次语文考试你是认真考的,成绩很不错。

我真的希望你能看到这篇文章,希望你改悔。虽然你在学习上欠了很多账,但是你要是努力,肯定能迎头赶上,大有作为。也许,我是从世俗的角度看你,如果那样我尊重你的选择!

分手在即,吾阳走好!

我是一条美人鱼——朱丽丽

她很平凡,代了她一段时间的课,我还不知道她的名字。

一次上语文课,她那边发出说话声,我批评了她,她给我顶了嘴,我记住了她的形象。

后来,她写了一篇文章《我是一条美人鱼》。虽然她长相很大众,但文章的确很美。我在班内宣读了她的文章,后来我就叫她"美人鱼",她也默默地接受了。

她很颓废,从来不相信自己能考上本科,因为她的基础太差,模拟考试也没有进入过班级前三十名,连她的班主任也放弃了她。我对她的高考也没有抱太大的希望,可是我从来没有流露出来,依然不停地鼓励她。

我曾想,大学本科也许是她心中的白马王子,她是追求不到王子而化成泡沫的美人鱼。

2001 年 7 月,高考成绩出来了,她竟然考上了本科。她找到我,感谢我,说是我的鼓励使她在绝望中看到了希望。我汗颜,我值得感谢吗?教师不经意的一个举动,竟然成全了一个人!

她从大学里给我来了两封信,心中仍然充溢着感激之情,称赞我是最好的老师。读着信,我无地自容,读着信,我的脑海中浮现这样的画面:大海无垠,蔚蓝,一条真正的美人鱼,游向光辉灿烂的远方。

(美人鱼——朱丽丽,你还好吗?如能再见面,我们师生再长谈。)

一个强烈的愿望——周盼盼

周盼盼同学抱着一个绒线玩具幸福地笑着,她有理由笑,因为她心中有一棵橡树。

但是,我却想到那次她哭了。

她和赫宁宁同学坐在倒数第三排,这个座次和她的成绩很不相符,她的成绩在班内往往是前十名。

是我把她排在那里的,我下了狠心。

站在班级门口,看到周同学从远处走来,我知道她又迟到了,我在笔记本上记下她的名字,考评分又去掉三分。我不情愿地但还是用浓重的笔迹写下来她的名字。

终于,她被我排在了后三排,我心中暗暗喜悦,暗暗担心。

高三上学期,我把班主任评语放给学生看,她看了自己的评语后,用嘶哑的声音问我:“老师,我表现已经有了很大进步,你为什么还写纪律意识有待提高呢?”她声音不高,但很有力量。我有些惊异,看着她,她的眼里满是泪水,如涨满了春水的小池。一个瘦弱的女孩,对老师的肯定是非常渴望的。“是的,你有很大进步,希望更好。”我讪讪地说。

高三她的表现很好,不久她坐在了前面,2006 年高考她考上了重点。

后来听人说,她在学业有成的同时,还接到了青鸟的音讯。

祝福你,周盼盼。

买你几朵玫瑰花——成硕

成硕留言让我写写她，这充分表现了她的个性。

成硕是《红楼梦》里的史湘云，我一直这么联想，是一个没心没肺的傻姑娘，胸无城府，心地坦荡！但是，挺可爱！

成硕是高三(12)班敢在我这个威严的班主任面前讲理的为数不多的几个小女生之一，她之所以敢这样也许因为我们师生是邻居。每次我骑着自行车去上班，在那个幽深的小巷往往会见到她，她就问老师好，接着就说："老师，你带着我好吗？"我能说不好吗？于是，我不时带着成硕去上学校，于是她就觉得我还是可以亲近的，可以欺负的。于是，她常常违纪，于是我勃然大怒，于是我把她批得狗血喷头。但是，她好像从来没有伤心过，依然那么没心没肺，依然见面问老师好，依然让我带着她。

有一天，是那么突然，我觉得成硕长大了，因为见面她不让我带着她了。我很是纳闷，后来才知道，她妈妈说她太胖了，会把自行车压坏的，她很在意这句话，我听了却哈哈大笑。

高三时，应该有几片瑰丽的云飘过成硕的天空，有一块还停留了好久，洒下细细的春雨，湿了她的眼睛和心灵。但是这么美丽的云在她上大一的时候就飘远了，她的天空一片空阔。

在 2007 年的情人节，我在街上遇到她，她和初中的同学正在一起卖玫瑰花。我买了十二朵送给我的妻子，她们收了我八十元钱，说因为是老师肯定给打折，后来我才知道其实买贵了。成硕，你这个坏家伙，竟然欺骗老师！

但是，当我想起成硕守着一堆玫瑰，望着街上涌动的人潮，眼中流露出怅然惘然凄然，心里也平静了。

她没有欺骗我，但好像仿佛大约有人欺骗了这个没心没肺的史湘云。

成硕，应该已经长大。（不仅已经长大，而且现在已经是一位母亲。）

拼命三郎——曹俊

她是 2001 届的学生，如今是中国科技大学的研究生，研究生物科学。

高一的时候，我委任她为团支部书记，十分称职。

她胖胖的，文静而活泼。一次放学，我在二楼走廊巡视，她走到我的跟前，拿出一条绳子，说："郭老师，我们开方好吗?"我本想板起面孔，说不行，但是看着她那满脸的笑容，不忍拒绝，于是就和她玩开方游戏，但是一会儿我就失败了。

她演讲也很好，一次学校举行迎接澳门回归的演讲，她参加了，为了使演讲的效果更好，我还找来《七子之歌》作为伴奏音乐。她清脆的声音在操场回荡，《七子之歌》的歌声在我们心头回荡，"你可知 MACAU 不是我真姓，我离开你太久了，母亲！但是他们掳去的是我的肉体，你依然保管我内心的灵魂"。我被感动得一塌糊涂，最后她也取得了优异的成绩。

高三时，她的同桌是个男生，叫于鹏，她和于鹏相处十分和谐，互相帮助，两个人成绩均有很大的提升。我绝对相信这是纯洁的友谊，因为这两个同学纯洁的品性。于鹏后来考上了哈工大，而曹俊考上了合工大。

曹俊，有个外号叫"拼命三郎"，因为她学习十分刻苦，到了大学更是如此。据代艳同学说，她在大学里把整本英汉字典都背会了，在自修室里，她每天往往学习到凌晨一点。皇天不负有心人，她终于考上了科大的研究生。

2008 年 8 月底，我到合肥学习，见到了曹俊，胖乎乎很可爱的样子没有变。她和马金锦、关涛、于文强、卢坤、代艳请我吃饭，那一晚让人一生难忘。夜风清凉，心情舒畅，我们沿着那条大道走进了幸福的话题。

曹俊，你还好吗？没事常联系，有事更要联系。今年七月，我要到合肥一段时间，有空聊聊吗？该我请你们吃饭了吧！

你是我的一姐——季知一

许多女生都叫她“一姐”,我也跟着叫,虽然我是她的语文教师。

一姐真名叫季知一,是高三(2)班的学生。

一天,晚自习第三节课,她和杨晓航来找我,说有问题要问我。我很是惊讶,因为理科实验班的同学很少问语文方面的问题。她们竟然来问语文问题,我感到了一种被重视的感觉,所以就和两位同学交流了一节课。

一姐是个很会表扬别人的女生,她曾经说:我们班的老师都有丰富和深刻的内心世界。

一姐是个很有正义感的人,她曾经说:晓航过去的老师对她很不好,用苛刻的语言打击她,真是岂有此理!

一姐是个很热心的人,许多女生的困难她都愿意帮助解决,所以女生们把她看成大姐姐,其实她的年龄不比别人大。

一姐是个很讲义气的人,她觉得和我这个语文教师意气相投,有哥们感情,所以有一次找到我,对我郑重地说:“我以后一定认真学习语文。”我被感动得一塌糊涂。

我很欣赏一姐,但是我对她只知其一,不知其二,颇为遗憾。

一姐的笑容很灿烂,她胖乎乎的脸上的笑容是暖春的阳光。有这样的学生,即使我处在生命的寒冬,也会时时感到春天的温暖。

庐山秀出南斗傍——秦再秀

他叫秦再秀，我称之为“秀秀”。

对秀秀有印象是2003级刚进校军训时，我们班在学校的水泥路上排队，而高卫明老师的班和我班邻近。整队的中间，我看到秀秀正和高老师班的一个女生吵架，只见他叉开两腿，一手叉腰，一手指着那个女生，嘴唇不停地一张一合，但听不清说的什么。我走了过去，问他，他喃喃地说：“她是个辣子，难惹！”

秀秀学习很刻苦，也很灵活，成绩十分优秀，但是在班内看不出他多么刻苦。在班内，他的话比较多，而且比较逗，他常常把大家逗得哈哈大笑，许多同学老师都喜欢他。高三时，他的这个性格发生了很大的变化，我很不理解，但有一次我看到他看一个女生时的眼神，我恍然大悟。可是，我这个班主任是严厉打击早恋的，他很懂事，整个高三都没有越过警戒线，我知道他是理性的。

秀秀考上了军医大学，我十分高兴，我用委婉的语言暗示我可以在那个方面帮助他，做些力所能及的事情；但是他拒绝了，我知道他的意思。落花有意，流水无情，是一种无奈的结局，可是秀秀的确十分优秀啊！

许多同学和我交谈，我总觉隔着一层，但是秀秀和我没有，我和他是很好的朋友，忘年之交啊。

秀秀每次从大学回来，总来看我，他学的是口腔医学，我告诉他我的牙不好，问他什么时候给我看看，秀秀微笑着答应了。我把这个约定放在心里，等着秀秀！

一种特殊的石灰——石惠

我仅仅代了她一年的课，那是 2002 年。她也许对我没有印象，但是我牢牢地记住了她。

她叫石惠，也曾被同学称为“石灰”。清秀、小巧，典型的才女。

我没有来这个年级之前，就听到许多老师以欣赏的口吻谈论她。第一次见她，是在数学办公室，她站在任树志老师的办公桌旁，像是一朵带着露珠的红色玫瑰。任树志老师庄严静穆，而她活泼灵动。

她的作文水平很高，思想深刻，气韵流动，老成而不失天真，纯熟而又带着童趣。文章擅长白描，又精于议论。读她的文章没有婉约的感觉，而有豪放的感觉。她的文章不是小鸟依人，而是大力金刚。

我没有和她说过多少话，她也很少问我问题，师生间有段陌生而熟悉的路。

她擅长演讲，精于表演，文学细胞富足。一次学校举行诗歌朗诵，她把文天祥的一首《正气歌》朗诵得悲情激昂，让人觉得荡气回肠。还有一次，她和周苗苗一起到阜阳参加朗诵比赛，她获得了第一名，但是辅导奖发给了带队的老师，她去和组委会要奖状，要求写上我的名字，但是未果，她一直耿耿于怀。我内心十分感动，其实我并没有进行过多的辅导，是她自己领悟得深，朗诵得好。

后来，她考上了华东政法大学，我们失去了联系。

青松耸立　云锦灿烂
——吴晓松、马金锦

这两个同学都是我 2001 届的学生，为什么把这两位放在一块写呢？因为他们是同一天办的喜事。

2009 年 10 月 4 日，我和妻外出有事，坐车从锦华饭店门口经过，看到竖着一个大的彩虹门，上面写着：祝贺任涛先生和马金锦小姐新婚之喜。我十分惊讶，是我的那个学生吗？告诉妻，妻说重名的人多了。我还想到，吴晓松今天也结婚，这个消息是代艳告诉我的。

前尘往事涌上心头。

马金锦是文理分班的时候，分到我当班主任的四班的，考试曾经多次进入班级前五名，但是高考没有发挥好，高考之后没见她的影踪。2007 年，我接了高伟峰老师班的语文课，看到有一个女生叫马金剑，很是奇怪为什么和马金锦名字这么接近。好奇心让我走到马金剑身旁，蓦然问道："你认识马金锦吗？""那是我姐！"我恍然大悟，于是通过马金剑了解了马金锦的近况。2008 年 8 月底，到合肥学习，见到了马金锦、曹俊、于文强、关涛四位同学，他们请我和代艳吃饭，师生终于又能见面。从 2001 年到 2009 年，才八年，他们有很多都成家了，真是时光荏苒。

吴晓松和卢坤、李丹、贾俊伟一起给我留下了十分深刻的群体印象。在高中时，他们几个经常在一起，有时是群英聚会，有时则是群魔乱舞，我想他们几位也应该有这样的自我评价。

吴晓松十分聪明，是属于聪明绝顶的那一种，他的作文每次都很优秀。他在作文里曾经说，在初中时自己是班内的学习"前锋"，曾经写了一篇小小说,是关于小偷开锁的故事。2001 年高考前,他要求请假半个月,开始我没有同意,后来他让他的母亲向我请假,我同意了。当年他被安徽农业大学录取,但他不愿意去,就在李国臣老师的班内复习了,2002 年高考成绩不错,但没有报好,依然被安徽农业大学录取,好像专业不错。2004 年的某一天晚上,在贵源商贸的对面,我遇到了吴晓松。他正和一个娇美的女孩一起吃烧烤,和我打了个招呼,那个女孩很害羞,不知那个女孩是不是晓松现在的妻子。2005 年 10 月 1 日,我到合肥学习,住在安大招待所,给吴晓松打了个电话,一会儿他就跑到招待所,还给我买了香蕉和苹果,当时我很激动,认为当老师真好。

据说,张钧铭、郭秀丽、关涛、郭伟等几位已经为人父为人母了,我想过不了多久,吴晓松、马金锦等同学也会加入这个光荣的行列,代艳、曹俊、李丹、卢坤、董大红等同学在羡慕的同时,会加快速度,进入婚姻的殿堂;而我也会在时光的河流里渐渐老去。

一块美玉——董子瑜

董子瑜的父亲是一中的语文教师,名字和第一任香港特别行政区长官重名。

董子瑜的网名叫“洽洽ザ乖乖豆”,我不明白是什么意思,这也许就是个性的徽章。

据说董老师曾经教过地理,在他教地理的时候,就把子瑜培养成了地理通。那时子瑜还只有六七岁,别人随便问几个地理问题,子瑜都能对答如流。子瑜的母亲在市人民医院,是一位护士,和我的爱人一个单位。子瑜的故事在医院广为流传,因此我没有代他语文课时就已经知道了他的故事。我的妻子常常批评我:“你看人家董老师怎样教育孩子的,你又是怎样教育孩子的,还不好好学习,同样是语文教师差别为什么那么大呢?”所以,董老师是我学习的榜样。

子瑜虽然只是个学生,但是他有自己的语文教育观,他曾经写了一篇长文和我探讨。他认为语文学习的首要任务是拿分,在此基础上才是情趣的陶冶、生命的感悟。他很坚持自己的观点,我很是被他的坚持感动。

在那封信里,我没有提到他的名字,他又写了一篇长文,既是劝慰我,也表达了自己的不理解。我记不清我是怎样写的评语了,我认为子瑜已经用自己的言行把自己的形象刻在别人的心中了,何必在意那封信中提没提到自己呢?

高三的最后一段时间,在班内很少见到他的身影,不单单是语文课,当然语文课是经常见不到他的。我曾经给他的父亲打过电话,询问子瑜没来是否因为是他的默许。后来,子瑜来了;后来,子瑜又不来了。我曾和他的班主任尹从建老师交流过几次，认为也许这样学习的效果会更好。

子瑜的文笔很好，擅长议论，经常写出十分雄辩的长文。子瑜今年考得不错，肯定会考上一个好的学校。

子瑜说优秀是一种习惯，很是。

有个男生叫李浩

他叫李浩，是我2009届的学生，是我高三(17)班的学习委员。

那个高三(17)班，是令我很头疼的班级，城市的孩子很多，他们视野开阔，但是也容易受到外界的诱惑。当时，我用三个疯狂概括班级的情况——看电视疯狂，打篮球疯狂，上网疯狂。

李浩是班内最让我省心的一个，从来都是安安静静的，很少说话，一说话就脸红。我记得只批评了他一次，还让他写了检查，他没有像有的同学给自己找借口，而是安安静静地离开，然后安安静静地写好检查，交给了我。

其实高中我没有怎么关注过他，我将关注的对象放在了那些“捣乱分子”身上，他是不用扬鞭自奋蹄的那种。高考他考得很好，630多分，被山东大学录取。

李浩大学一年级时的寒假，和赵粒栋一块，到我的家里玩，还带了很多礼物。我们一起聊了很久，还一起照了相。那次，我才知道李浩不是我了解的那么简单，他也有非常丰富的内心感情，也有不能对人言的渴盼。

2011年10月21日，我到曲阜开会，联系了李浩，说看看能否见一个面，叙叙别情，李浩爽快地答应了。当天下午，他就坐了车，从济南赶到曲阜，当我还在飞机上的时候，他已经在曲阜等我了。我到曲阜安排住宿时，李浩已经自己租好了住处。我要求他和我一块住，所以他必须推掉原来租好的房间，我和他一块去退房，才了解到他租住的是一个农家大院，一晚才二十五元。

那天晚上我们师生住在一个房间，谈了好多话题，包括将来的就业和发展。我觉得李浩就像我自己的儿子一样,感到十分亲切。

第二天,我去开会,李浩就在会场外等我。10 月 22 日的晚上,我们在一块吃饭,师生两人一起喝白酒,我当时就喝高了,因为很高兴。曲阜离我的老家很近,但是因为会议很紧不能回去,那李浩就是我的家里人啊。我们吃晚饭,李浩一定要付钱,我怎么也不同意,但是最后还是没有拦住他。他对我的尊重是对我最好的接待了,我从自己的儿子身上也没有得到过这样的待遇。

当晚,李浩就要回济南,我把他送到火车站,看着他的背影消失在夜色中,我的心中也涨满了夜色。

当我感慨下次相见无期时,意外发生了,10 月 23 日的行程改变了,我们来到了济南。到济南时,正值秋雨纷飞,李浩来接我们,拿了三把伞。再见到李浩,是在文武快餐厅,依然一脸微笑,白净的脸上依然是腼腆的表情。他帮我们订好了住宿,第二天领着我们游览了趵突泉和大明湖。来到趵突泉公园门口,我准备买票,李浩说:“我已经买好了票。”我有点讶异,这孩子心思是这样的细密。大家一起进了公园。后来,我把门票钱硬塞给了李浩,回到广州整理背包,发现一百元钱,才知李浩后来还是把钱还了回来。看着一百元钱,李浩腼腆的笑容又浮现在我的眼前。

同行的邱老师说,在南方很少有这样的学生。

同行的彭老师说,这个男孩可以为男友,更可以为夫君。

我说:在高中时,李浩同学是许多美丽女生暗恋的对象,但是他却有自己执着的对象。

有个男生叫李浩!

高三(3)班群侠传

高三(3)班,英杰林立!试看广外,孰能胜之?

易氏广桥,乃西侠也,居昆仑之巅,善使神针,平素于王母殿绣花,为鸳鸯,为凤凰,技艺精湛堪比灵芸。其针亦可针人,尝于凉州道劫富济贫,杀四十大盗,针术之高,唯西侠独尊。

梁氏志坚,乃东侠也,居泰山之巅,善用流星锤。曾打遍黄河两岸,威震三州十六府,天下莫不之知!飞马元年,五岳剑派论剑华山之巅,东侠技惊群侠,为五岳剑派掌门。

黄氏立山,乃南侠,居珠水之畔,善用长矛枪。尝枪挑小灵王,荡平黄山鲁匪窝。三十六招雪花枪,岭南武林,莫之能及!

张氏宇轩,乃北侠也,居穷发之北,善用判官笔。尝笔走龙蛇,大战欧阳锋,夺得白驼山庄。漠北枭雄,遇到北侠,何计之有?

梁志坚肖像

梁志坚站在秋风中，如一株成熟的庄稼。小鸟飞落他的肩头，落叶栖息他的头上。小鸟还在志坚的耳畔唧唧叫着，好像在和他说什么，说着什么呢？说的应该是他的秘密。秋风一阵阵吹来，小鸟一声声诉说，志坚的眼泪一串串滴落。夕阳的余晖，洒在垄头，洒在庄稼身上。庄稼依然站在那里，站在那里，静静地站在那里。他的双脚就像根须，深深陷在黑土里，陷在黑土里，您难道没有看出他对土地的深深情意？

突然，庄稼扬起头来，对着天空大声吟诵诗句："燕山雪花大如席，片片吹落轩辕台。"原来，志坚渴望着雪，渴望一个银装素裹的冬天。

人性的光辉

美好的人性，是暗夜里的星辰，愈是黑暗，愈是闪烁着璀璨而迷人的光辉。

总以为，人性的光辉只在历史的天宇闪烁。那是屈原“长太息以掩涕兮，哀民生之多艰”的忧叹，是杜甫“戎马关山北，凭轩涕泗流”的感怀，是袁枚“石壕村里夫妻别，泪比长生殿上多”的悲悯……然而，我错了，其实人性的光辉也在现实的天空、在我的头顶上闪烁。

人性的光辉是高高举起的小手。

班内有一个学生近视，但是个子很高，所以被安排坐在后面，后来他讲出自己的困难，向我求助，而我只有向同学求助。“谁愿意帮助他，请举手”，话音刚落，班内长出了一片树林。我看到同学们脸上真诚的微笑，我看到何秀芹和靳文两位女生的殷切的眼神，我看到朱昆昆平静而坚毅的神情……这是我以前不敢想象的，我看到的不是手的树林，而是一个个大写的人，一颗颗火红的心。人性的光辉照亮了我眼前的黑暗。

人性的光辉是同学们悲伤或者喜悦的眼神。

为了凝聚同学们的心，我坚持在班内养花、养金鱼，于是何秀芹成了鱼长。那一天，买了两条金鱼，何秀芹悉心养活，但是这两条金鱼“红颜薄命”，仅在班内存活了三天，就归西了。翻了肚皮的金鱼被拿去埋葬，很多同学眼中流露出悲戚。我安慰：“没事，我们再买。”王玉楠同学对我说：“噫嘻，那也是两条生命啊！”我汗颜。

又买了两条金鱼，一条母鱼，一条公鱼。在何秀芹、黄兆祥等同学的努力下，这两条鱼不但生命力顽强，而且生活幸福，他们结了婚，还生育了二十多条小鱼。

一下课,很多同学就围着鱼缸,看啊,数啊,笑啊！看到这样的情形,我也被感动了,心中有被电击的感觉,那是人性的光辉照耀了我,感动了我!

人性的光辉是那一次次善意的提醒。

靳文提醒我,说话要注意,不要伤了家境困难的同学的心;张雪芳提醒我,应该找纪雅森谈谈了,他有些不下劲;段文平提醒我,要告诉大家保持地面卫生;还有人告诉我不要放弃杨永银……一句句提醒,让我看到了一个个美丽的心灵,让我感到了人间的真爱。人性的光辉一次次照临,沐浴在它的星辉里,我竟然麻木不仁,真是可悲可恨!

鱼祭

有一种生命的状态叫做绽放，有一种生命的形式叫做收藏。

——题记

2009年11月11日晚，何秀芹同学发来短信，说我班小鱼全军覆没。寒冬以无情的双手遏住了生命的希望，春天永远成了冬雪之后的温情又寒冷的目光。

曾经与秀芹同学有个春天的约定，让她把这些小鱼的生命延长到来年。这个约定是我的一厢情愿，当我轻妄地说出这句话，造物者就向我投来冷冷的目光。芥子般微小的生命去了，11月11日的夜里冬雪飘扬。我带着一个寒冷的梦，睡进阳光味道的被窝，想把这个梦温暖复活，而高楼外有风在歌唱。

你们曾经存活，你们知道自己存活时的意义吗？人类曾经轻率地回答，为了人们欣赏。如今你们的躯体已经僵硬，不再轻灵，顶多换来温血动物的一点点悲伤。

你们从来不顾及别人的目光，以轻灵的游动诠释生命的快乐，以二十多条小鱼的出生证明生命的定律。濠水桥上的智者根本不知你们的快乐和忧伤。尽管生命不能超越造物者的红线，但僵硬的躯体还要保持着水流的形状。

而我们呢？我们生的目的是什么？我想，我们也是一条条的金鱼，天地就是一个巨大的鱼缸，我们在天地间游动，是造物者甚至是一类人欣赏的对象。

游动得再美，也是别人的风景。

流浪得再远,也没有自己的方向。

学学那些鱼儿吧！那些芥子般微小的生命！开启自己的大门,营造自己的天堂,更要把唾沫吐在别人干裂的身上。

窗外,冬雪静静在飘扬,竹叶传来簌簌的声响,广阔的天地间,成群白色的金鱼在飞翔!

放　蚌　记

荣子雅娜,季子知一,吴君浩,一夕访我。

荣子携一袋,中有两蚌,不知何用。吾以为其乃见师之礼也,兴甚。问之,则曰:“家养珠蚌,恐其死去,欲放生,闻郭夫子酷爱游泳,欲托付以遂吾愿。”郭夫子叹曰:“养珠蚌,固行为艺术也;放珠蚌,愈显其良善之心也。兰心蕙质、冰雪晶莹之女儿,方有此诗意行为,吾不如也。”

维 2009 年 6 月 15 日,日暮时分,吾击水于界首植物园,投两珠蚌于南北二湖,冀其能自由生息,孕育珍珠,方不辜负荣子雅娜之愿也。

吾于放生之前,欲观二珠蚌之美资,投放浅水之湄,久之见一珠蚌轻展其壳,现一细缝,吾窥见其肤如冰雪,其色如美玉,其质如凝脂,吾思藐姑射山之仙子、洛水凌波之女神、春秋美貌之硕人亦不及也。

其日,酷暑袭人,然放蚌之后,吾见岸边杨柳依依,蓝空白云悠悠,顿觉天高地迥,忘尘俗于身后,记生命于眼前,凌碧波之凉爽,蹈荣利于泥间,不汲汲于名利,不戚戚于贫困,不呼朋引伴做结党之事,不划拳行令为乱性之欢。借游泳之小事,立吾生之大愿。

荣子雅娜,季子知一,吴君浩,吾之挚友,虽年龄相隔,然心性相通。吾思,放蚌乃放榜之谐音也,三位及高考放榜之日,定能高中金榜也。三君来日,定能以出世之心为入世之事,宏图大展,龙腾九天。

此事颇有意义,故为记。郭氏,于阳城颍河晨风之斋。

广州外校学子湖铭

湖称学子，塘开一鉴。南栖凤凰，清啼盈耳；北近黄阁，亭角翼然；西方能知味，谷香如缕而不绝；东望修齐治，大道可通于九天。镶翡翠两枚，为湖中之岛；飘玉带一条，乃蜂腰之桥。湖面徘徊天光云影，湖边掩映垂柳芭蕉。凤凰楼北，文宣登高台以观清泉；梧桐林里，学子怀鹏程而瞻圣贤。

师生于伏案之余，或携丽日，呼朋伴；或趁清风，披星点。湖岸小憩可休树边之身，塘畔冥想能长乐水之知。视通万里，书读中外之奥；精骛八极，心游天地之玄。一卷书，可驻半日时光；三五人，足享择善之欢。可比濮水，常有知鱼之乐；有似西子，不分淡妆浓抹；内通南海，乘槎(chá)能至牛女之家；实连沧溟，扶摇可达异域之地。

今逢兹湖落成，足以仰观俯察，令人思如涌泉。故为之记，以志其胜。

第五辑

做大地上的行者

一个教育者，是一个耕耘者，亦是一个行走者。用双脚丈量大地，也丈量教育的广袤；用眼睛欣赏风景，也欣赏异域教育的形态；将理论和实践结合，把欣赏和思考结合。也许这就是古人说的“游学”的真谛。2014年七八月份，作为带队老师，和学生一起游学异域，一边行走，一边书写，做了一回大地上的行者，记下行者的经历和感受。

等待、出发和到达

出　　发

今天就要带学生去美国游学了。早晨,我和妻子起得很早,因为六点四十五分要在白云机场六号登机口集合,妻子开车送我。

夜色深沉,在黄阁上高速时走错了路,在市南路绕了一下,又上了原来的路,终于找到去往白云机场的路。一路很顺,夜色在车轮的飞奔中变得越来越稀薄,最后全部退去,黎明占领了这个世界。

妻子把我放在六号登机口就走了,因为今天她还要上班。

我想起在老家的时候,一次我们在颍南的河堤上骑自行车,萌生了比赛的念头,两人在河堤上骑得飞快,虽然我的自行车比较大,妻子的比较小,但是我还是赶不上她,她有一种不服输的劲头。

现在,我们居住在广州,妻子已经可以开着私家车去往很远的地方,而现在我又要和学生一起去美国修学旅行,这都是以前无法想象的。

六点四十五分,学生和老师都到齐了,很多家长也来送孩子。洪淏东的妈妈担心孩子的身体,因为他昨天夜里受了一点凉,有点感冒;姚琦琪的爸妈觉得第三小组就她一个女孩可能比较孤单;严日康的父母觉得组长要收发护照,职责重大,对于孩子能否胜任有点担心。真是儿走千里父母担忧,这话一点也不假。

我想家长们这个时候内心是矛盾的,有对孩子独立能力培养的强烈念头,有对孩子独自远行的无比担心,这两种感情激烈地纠缠冲撞。殷勤的嘱托,热烈的拥抱,长久的伫望,用相机和手机捕捉和记录孩子的每一个镜头,这些都充分将他们的心理表露无遗。

终于要出发了,三十五位同学和三位老师一起合了一张影,新的历程从此开始,出发。

等　诗

集好队,然后把每个人的护照发下去,接着就是过关。边检很严格,不符合要求的东西,一律不准带。在过边检的时候,我看着那位穿着制服的十分严肃的警官,心里不禁产生了一种敬畏。他看了我的护照,严肃地问了一个问题:"学生的修学旅行要到哪里啊?"我认真地回答:"美国。"孩子们倒是十分兴奋,不停地讨论着行程安排,对于这次游学充满了期待。

广州外国语学校的十五个孩子分成三个小组,组长分别是黄曾宇、陈紫桐和严日康,他们都认真负责,召集同学、清点人数、收集发放护照,各项工作有条不紊。广外校的十个男生中陈炜斌、罗润泽和洪淏东比较活跃,很快就和四十七中的两个同学打成了一片。陈炜斌的知识面也很宽广,在边检的大厅里,详细地向我讲解监控的知识。

我们是先乘飞机到香港,然后从香港转机到美国纽约。飞机本来九点五十五分起飞,但晚了二十五分钟。飞机于十一点二十分左右降落在香港国际机场。通知过下午集队的时间地点之后,同学们蜂拥上了二楼的美食广场,在这里,他们要度过四个小时的漫长的等待时光。

二楼美食广场人头攒动,孩子们三五成群,去购买自己喜欢的美食。有的孩子带了港币,就直接去买;有的没有带就寻找货币兑换的窗口,用人民币兑换港币以后再去心仪的美食窗口。二十分钟后,他们都坐在自己找到的位子上享受自己的美食了。

香港国际机场的美食很贵,一碗味千拉面九十多元港币,但是这个时候也顾不得那么多了,很多同学都是四五点起床,有的还没有吃早餐。不过,这里的食物的质量和味道还是不错的,完全可以说是色香味俱全。

吃完饭以后,有的同学聚在一起聊天;有的同学拿出手机和家长联系;有的拿出一本书静静地看了起来。身边人来人往,各国语音嘈杂喧嚣,孩子们却各自沉浸在自己的天地中,享受这难得的午后时光。

几个印度人在美食广场旁边的地毯上席地而坐,三个孩子在追逐打闹,其中的一个可能刚刚学会走路,跑不快,蹒跚地走到我近旁,用纯净的眼光看着我,然后又跑开了。

等待,在这里已经不是一种焦急的无奈,却成了一种休憩和放松的机会。

十九个小时的飞行

下午四点半,全部学生准时在指定地点集合,没有一个迟到的。

五点十五分,大家在十五号登机口集中,孩子们按照机场管理人员的要求排好队,有序登机。

飞行一共十九个小时,孩子们利用这十九个小时看电影、进餐、休息,时间很快就过去了。

我们乘坐的是港龙航空公司的班机,飞机应该是属于"空中客车",有七列位置,两个走道,可以搭载三百多乘客。飞机上的设施十分齐全,每一位乘客前面都有一个小的触摸屏,可以查看飞机底部的监控,也可以利用这个显示屏听歌、看电影、玩游戏。

内存的电影很多是很有意义的,例如《美国队长 2》《里约大冒险 2》《万能小狗和他的时光隧道》,都挺好。正义和邪恶、战争与和平、人类和自然、科技和人性、现实和未来、动物和人类等等,很多话题都是当今世界的热点,这些电影以或严肃、或诙谐、或直白、或隐喻的形式表达,对于孩子也是很好的教育素材。

姚琦琪热切地向我询问到达美国的时间,我告诉她是夜里,她激动地对我说:"今天我在飞机上不睡觉,我要看电影,要玩游戏,到了美国我再好好休息。"夜里十一点的时候,我瞥了一眼她面前的触摸屏,发现她在玩拼单词的游戏。

纽约,我来了

在离纽约 244 公里的上空,CX-890 一直在盘旋,我问陈燚,陈燚说飞机是在等待机场通知,接到通知之后才能降落。

飞机盘旋四圈以后,机长通知说半小时以后可以降落。我就打开监控视频,通过监控看一看飞机降落的情形。

开始的时候,外面还是黑沉沉的,只有远处天边的云是闪亮辉煌的,飞机的正下面一片黑沉沉。

过了十几分钟,看到黑沉沉的大海中有闪亮的星点,随着飞机的接近,星点多起来,逐渐形成闪亮的岛屿,岛屿的倒影在飞机的前端慢慢移动,越来越近。岛屿也越来越多了,二十多分钟以后就汇成了光的海洋。光的倒影在飞机的前端倏忽飞过,先是一条一条,然后是一片一片。

三十分钟以后,我们看到了跑道,看到了跑道上的灯盏,飞机前端的降落架伸出来,两个轮子接触到了地面,发出巨大的响声。飞机的舷窗外,一片灯的海洋,闪烁、飞驰、汇聚、散开,大家看着屏幕或者窗外,心中在呼喊:纽约,我来了;美国,我来了!

过关时,有点小小的麻烦,郑晨亦的十五根火腿肠被查了出来;郭老师和洪淏东的苹果也被查了出来,最后都被美国的边防警察给没收了。郑晨亦很伤心,沉痛地对郭老师说:"十五根火腿肠啊,我的火腿肠!"郭老师说:"没事,我带的牛肉侥幸过关,想吃的话,尽管找我。"

在查看护照时,美国警察往往会问几个问题,郭锴泽很流利地回答了出来,还和一个美国女警顺畅地交流,以至于美国女警连连称道。

过关后,大家乘坐大巴来到旅馆,入住以后,已经是美国时间凌晨一点了。汪老师和郭老师还是去查了房,汪老师给绝大部分同学照了相(除了在洗澡不便照相的),准备发给家长,让家长放心,孩子已经安全抵达美国。

麻省理工和哈佛

游麻省理工

早晨，八点半从 Red Roof 出发，去参观哈佛和麻省理工，路上下起了大雨，一直下个不停。公路上出现了塞车现象，四十分钟的车程，竟然走了近两个小时。

进入市区，天竟然放晴了，地上的积水很深，有的地方可以淹没半个车轮。天空被大雨洗过，蓝得醉人，那天空的蓝纯净得像刚出生的婴儿，又像世界上最善良的人的良心。

大巴停在路旁，我们下了车，向左边走，上了十几级台阶，就进入了麻省理工学院。进入的厅堂很高，向前走是一条长长的走廊，进入走廊的右边墙上是一个徽标，上面有一个英国的绅士，大家都急忙去拍照。进入长长的走廊，看到两旁都是教室，教室窗明几净，只有课桌和椅子，不见有学生的书籍。走廊墙上有很多玻璃橱窗，里面是学生们的作品。再向前走，又是一个穹隆式的厅堂，屋顶很高，上面是玻璃的，采光很好。两边的墙上，用金色的英文字体写着学校的介绍以及学校的校友资料。

然后走出厅堂正门，一幅优美的风景画出现在眼前。一个很大的庭院，左右两边都种着枝繁叶茂的大树，中间是一大片绿油油的草坪，草坪从中间被一条左右方向的水泥小路隔开。再向前看是一条公路，车辆川流不息，公路的前方是一条奔流不息的河流。导游说，那就是剑河，剑河对岸就是美国的剑桥市。

想当初，第一批移民中，有一些受过剑桥和牛津教育的传教士，为了使后代能受到剑桥和牛津式的教育，就仿照剑桥大学的样式，建设了麻省理工，前面的那条河也是仿照康河挖的。当时，那些移民的生活也许还不优越，但是就把教育放在了前面，这样的想法和行动为麻省理工的将来奠定了基础。

在庭院了走了一圈，我被天空的流云深深吸引。在绿树的顶端，在很厚重的石材建筑的顶上，就是流云，是那么近。朵朵流云，以蔚蓝的天空为背景，展现它们飘逸的姿态。我静静地看着高天流云，觉得时光被定住了，连悠久的历史也被定住了。

接着我们又走进一座教学楼，里面正在上课，静悄悄的，大家都轻声悄步。走廊墙上的玻璃橱窗依然是学生的创作，但是出现了新颖的作品，这些作品是电子的，连着电源，播放着视频。

在一个小小的厅堂，看到左右的墙上有不少青铜的浮雕，雕着很多人的半身像，我不能认全，但是认出了牛顿和伽利略。我们依然从麻省理工的那个庭院走出，走到前面那条公路上，然后转左，一直向前走，然后从一座教学楼里穿过，来到麻省理工的正门，从正门出来，过了一条公路，向前走，有绿树和草坪，还有一座白色的高大建筑，那就是麻省的体育馆。

导游就让大家在这里自由活动，十一点二十分集队。我没有走远，就在体育馆对面咖啡厅外面的凳子上坐下，绿荫匝地，清风阵阵，倒不觉得炎热了。一阵游客接着一阵游客从我面前经过，我右方的一个小花圃里一片黄色大丽花在开放，那里还有不少蓝色的薰衣草，两者映衬得很恰当。

十一点二十分，我来到集队地方竟然不见他们，过了两分钟，依然不见人影，打他们的电话，才知道他们已经走了。我很着急，但他们说一会就回来接我，等了半个小时，他们终于来了。

憩哈佛草坪

午餐是在昆西市场的餐饮市场吃的,每个人一个鸡肉卷、一杯汤、一大杯可乐。吃了饭,我们在市场里游玩了一番。下午两点半,我们去哈佛大学。

我们游览的是哈佛的老校区,主要是看了图书馆和哈佛雕像。

图书馆是哈佛的一位校友的母亲捐钱建设的,这位哈佛校友在哈佛就读期间酷爱读书,后来到欧洲旅游,回来的时候不幸乘坐了泰坦尼克号。泰坦尼克号出事的时候,他本来有机会逃生,因为他坐的是头等舱,在逃生艇上有自己的座位,但是他把座位让给了别人,就因此而殒命。他的妈妈为了纪念他,和哈佛大学协商,后来捐钱建了这个图书馆。

他的妈妈对学校只有三个要求:图书馆以自己儿子的名字命名,为自己的儿子留一间书房,每天给自己儿子供奉鲜花。她的儿子已逝,但是图书馆一直屹立在那里,鲜花也天天更换。这里,花香不断,书香氤氲。无论花香还是书香,都是这位哈佛校友的灵魂之香。

哈佛的雕像正对着校门,离校门有三十米之远。校门和哈佛雕像之间几块草坪,草坪的周围和草坪上种植一些枝繁叶茂的大树。

在哈佛雕像前照相以后,大家就在草坪上休憩。这里的草坪很绿很软,草坪上摆放着不少椅子,有躺椅和靠背椅两种。许多游人就三五成群,在这里休憩、聊天。阳光静静穿过树叶的缝隙,撒在草坪上,小鸟时来啄食,人至不去。一只小松鼠,在草地上跳来跳去,一点也不怕人,有时候从人的手中得到食物,就双手捧着,蹲坐在地上吃起来。

我们在哈佛的草坪上整整待了一个下午,聊聊天,发发呆,时光好像在这里停滞了。这是生命中最无意义的时间段,也是最有意义的时间段。在这里,我们忘记了过去,也忘记了未来。明天会怎么样呢?明天再说吧!

明天会怎么样呢？

其实大家都知道，明天就要离开美国东部，去往洛杉矶、圣地亚哥，开始一个新的里程。

静坐遐思

风很轻,我坐在大学的校园内。

一把遮阳伞遮住一个小方桌,四张靠背椅子摆放在小桌四周。这是大学的一角,布置得那么可人心意。抬头向前看,可以看到绿树掩映的白色建筑的楼顶,还有楼顶上空的蓝得十分纯粹的天空。

向左看,五十米处有一栋白墙茶色玻璃的教学楼,孩子就在那里面上课。教学楼的前面是一块草坪,被几条小路分割成五六片,草色青青。王羲之在《兰亭集序》中说:“仰观宇宙之大,俯察品类之盛,所以游目骋怀,足以极视听之娱,信可乐也。”确实如此,当置身于这样的环境中,心无挂碍,俯察仰观,静坐遐思,得浮生之清闲,真是人生一大乐事。

这里很宁静,不是说这里没有声音,而是说那些声音很细微,更衬托出这里的宁静。有时候几个学生从身旁走过,一边走一边很快地说着话;有时候低飞的客机,从头顶掠过,把轰鸣留在你的耳畔。这些声响在整个寂静的时空中都是短暂的过客,只能衬托出寂静的长久和顽强。

一片黄色的叶子飘落在我的面前,那应该是一枚槐树的叶子,它不是秋风的名片,它是疲惫的心情,需要在这桌子上休息一下。

那枚黄色的叶子来自近旁一棵小树的枝头吗?不是,是来自一个梦境,来自遥远的童年。

每年的春天,我都要爬上高高的槐树,去采摘槐花,让妈妈做槐花饭,填饱饥饿的岁月。但是,每一次登临都觉得天地为之开阔,耳目为之一新。我站在树顶向远处望,仿佛看到了楼外之楼,山外之山。

不要嘲笑每一个孩子稚嫩的梦想,我想如果让这个中年人回到过去,他肯定对那个爬到槐树上的孩子说,别胡思乱想,那是不切实际的,他不知道没有那个孩子的胡思乱想就没有中年人今天一上午的悠闲时光。

万物静观皆自得,包括童年和生长在童年土地上的槐树以及槐树上的梦想。

从东部到西部

完成了近一个周的东部游历后，今天早上我们五点钟起床，六点钟出发，到美国西部去，开始学生们的西部游学之旅。在下面近两个周的时间内，学生们将进入美国家庭，在一个良好的语言环境中学习英语，体验美国原汁原味的文化。

我们从波士顿机场乘坐九点多的飞机，飞往洛杉矶，中途要在芝加哥转机。

领机票、过安检已经成为我熟悉的内容，等待和利用等待的时间看电子书已经成为我习以为常的选择。这次过安检的时候，我的手机忘了拿出来了，安检门不停地亮红灯并发出报警的声音。那个又黑又壮的美国警察，让我退后，以为我的皮带环是金属的会引发报警，示意我解下皮带，而我知道是因为我的手机，我把两台手机拿出来，放在篮子里进行安检，才顺利通过。在众目睽睽之下，手忙脚乱的我，是有点尴尬，以后我会注意这一点。

从波士顿到芝加哥，飞行了两个多小时。美国的飞机和中国的不一样。美国的客机从滑翔到起飞时间比中国的短，滑翔了短短一段距离，就拉升，腾空了，而且下降的时候也给人突然的感觉。学生说，美国人可能比较讲究效率，时间观念强，所以很讲究速度；而中国的客机更讲究乘客的感受，更有人文关怀。

虽然多次乘坐飞机，但是那种好奇和激动依然保持新鲜。爬升时的晕眩，下降时的失重，有鸟的感觉，这种情形总是让我在脑海里不停播放《逍遥游》里的大鹏形象。

从芝加哥到洛杉矶要飞行四个小时，我坐在舷窗旁，看着下面如棋盘一样的城市，看着蔚蓝的天空和朵朵的白云，不相信这是真的。今夕复何夕，能坐在大鹏的羽翼上，御风而行，瞬息千里。

从芝加哥去往洛杉矶，飞机飞了两个小时的时候，我透过舷窗向下看，发现一个奇异的现象。大地上呈现出很多圆圈的形状，一个连着一个，方圆不啻百里。那些圆有的内部是绿色的，有些是土黄色的，有的和别的圆交叉，有的自己就是由许多统一圆心的小圆组成，很多圆只是独占一个方格，有的却占四个方格。这难道是人工的吗？抑或是外星人的杰作？我很是疑惑。下了飞机，询问同学，姚琦琪说应该是两个巨人在下五子棋，郑晨亦笑着说肯定不是什么 UFO。不管怎样，如果不是乘坐飞机，也肯定看不到这样奇异的景观。

到了洛杉矶，坐上大巴向圣地亚哥进发，那里有学生的训练营。两个半小时，我们到了哥伦比亚大学，那些寄宿家庭的爸爸、妈妈们已经在那里等待了。面对美国的爸爸、妈妈，孩子们还是有些矜持的，在汪波老师的督促下，他们扭扭捏捏地走进美国家庭的爸爸、妈妈，那些爸爸、妈妈十分热情，有的张开双臂拥抱他们，有的大声打着招呼："Nice to meet you!"于是孩子们也渐渐抛开拘束，和他们打招呼、聊天，充分展示着他们的语言天赋。

我和汪波老师、陈炜斌同学被分到同一个寄宿家庭，女主人叫梅尔。她用自己的皮卡车把我们接去她的家，一路上和汪波老师和陈炜斌谈笑风生，而他们的话我大部分听不懂，只有静静感受着他们这种氛围，也不觉得有什么尴尬。

梅尔是哥伦比亚大学的退休教师，原来是教法语的。她的丈夫是一个大胖子，热情、快乐。他这里还有两个来自中国陕西西安的游学生，一个日本的游学生。吃晚餐的时候，那个日本游学生没有和大家一起，他在后院的游泳池旁睡着了。

晚餐是男主人做的，汉堡、薯片、芝士、玉米豌豆粒、饮料。我因为已经在车上吃了一个汉堡,所以没有再多吃。在所有的食物当中,我认为玉米豌豆粒最合我的口味。看到男主人,用很大的杯子盛了一杯子冰镇饮料,那冰几乎占满了杯子,我惊呆了,如果这样下去,不出十天,我的胃就完蛋了。还好,男主人告诉我这里可以烧开水,我的胃有救了。

吃了晚饭,我和汪波老师、陈炜斌一起出去散步,这是一个小镇,每一家都有一栋两层起脊的小楼,门前停着一辆或者几辆小车。汪波老师和陈炜斌很兴奋,在路上一边走,一边抒发感情,还时不时在微信上发一些消息。

路灯昏黄,陈炜斌在路上摆了一个很酷的造型,让汪老师给照相。

不由地感慨:年轻就是财富,有无数的可能;年轻就有激情,有把阴暗点亮的勇气。我好像已经被时间磨掉了锐气,静静地走着,在这星点和灯光下。

今夜开始寄宿,其实人生天地间,没有谁不是寄宿。

圣地亚哥第一天的生活

学生的考试

早餐还不错，梅尔女士为我准备了煎鸡蛋，煎鸡蛋很不错，和中国的很相似，里面还放了玉米粒。将煎鸡蛋夹在汉堡里面，味道还是蛮好的。于是，我和汪老师就要求梅尔女士明天早上还为我们煎鸡蛋。

吃了早餐，梅尔女士用自家的另一辆车——那是一辆日本产的现代小轿车把我们送到圣地亚哥大学。

这边的大学基本都是开放式的，所谓开放办学，在这里首先体现的是校园的开放。和国内的大学不同，这里的大学基本没有围墙，或者仅有短短的矮墙，只是在一些入口有大学的标志。由于是开放式的，就和其他的街区连在了一起，市民可以随便进入并使用这里的公共设施。圣地亚哥大学也是这样。

进入校区，在校方人员的带领下，学生们进入了一栋教学楼的 317 教室，在这里举行了一个十分简短的开营仪式。游学机构的老师讲了话，主要内容是在营地和寄宿家庭的注意事项，同时安排了近两个周的课程和活动。讲话大约十五分钟，讲完，开营仪式就结束了。

接着就是考试，考试的内容是客观题和阅读题。听说阅读题很难，阅读内容是关于单车及圣地亚哥历史的。考试用的是以前学生用过的试卷，目的是为了节能环保，不过答题卷是新的。

我们这个游学班是 982 班，编号已经接近 1000 了，可见这个夏天有多少中国的游学团队到圣地亚哥州立大学来。

学生考试的时间是九十分钟，在考试的过程中，我和陈老师去逛校园。在教学楼的门口巧遇来自广州第四十七中学的余老师。

遇到余老师

余老师带的团队是我们的前一批,他们的行程和我们恰好相反,先在西部营地接受培训,然后去东部旅游。

陈老师见到余老师和汪波老师、小李老师在一起聊天,就问有什么故事吗?汪波老师说有一个故事,余老师说不是什么故事,而是发生在自己身上的一件真实的事情。

在寄宿家庭,余老师和一个来自郑州的女老师住在一起,结果那个老师的钱丢了,一共是1500美元。那个老师就怀疑余老师,两次查看了余老师的行李箱,没有发现什么,又查看了余老师的购物小票。余老师仅带了几百美元,购物大部分是刷卡,所以没有发现什么。余老师很是郁闷,但是为了证明自己的清白,所以就只有让那个老师检查了。

希望这样的事情不再发生,在安排住宿的时候,最好安排同一个地方的老师住在一起,以免发生不愉快的事情。

寻宝奇兵

很快,学生考完了试。校方老师带领学生参观了圣地亚哥大学的一个图书超市,接着把学生带到学校的西南角,安排了一个活动,这个活动叫做——“寻宝奇兵”。

校方老师把学生分成若干小组,每个小组发一张A4纸,纸上有十三个与圣地亚哥大学相关的单词以及五个问题,然后让学生于规定的时间内在校园里找到对应物并拍下照片,还要求学生找一个美国学生帮助解决纸上的五个相关的问题。最后,完成任务最多的小组获胜。

这十三个单词有:一棵棕榈树、一个“Aztec”的单词、一本图书馆的书、一个雕塑、一支箭、一座桥、“hello kitty”、一个希腊字母等;五个问题是:谁是圣地亚哥的市长、圣地亚哥大学的占地面积是多少、圣地亚哥足球队的名字叫什么等等。

这是一个精心的教学设计,有一石三鸟的效用。第一,让学生迅速熟悉圣地亚哥大学的环境;第二,锻炼学生的合作、探究和交际能力,锻炼学生的英语听说能力;第三,为学生以后学习打下一定的基础。这个教学设计的形式是比较新颖的,也能够调动学生学习的积极性和主动性,内容生活化,能让学生充分动手、动口、动脑。这和国内的课堂教学截然不同,课堂生活化,具有开放性,也有很强的实践性。“它山之石可以攻玉”,国内的学科教学也可以合理采用这种方法。

我跟着几个小组,仔细观察了一下他们寻宝的经历。曾志远、罗润杰等五位同学,一路走一路谈笑,说着学校以前的事情和自己玩的游戏,学习的专注度和协调性不够。几个比较懒的同学极力称赞两个学习好的学生,说:“你们是学霸,看能不能把这些问题都解决了。”而两位所谓的学霸也不回答,只顾自己走着。这个小组比较松散,主要问题应该出在组员的组成和小组长的协调上,所以这个小组最后的成绩不怎么样,当然他们也不在乎这个成绩,敷衍了事地完成任务,然后坐在大树的阴凉下面开始玩手机。

后来,我跟着陈紫桐、姚琦琪、郑晨亦这个小组,他们在郑晨亦的带领下进度很快,尤其是在五个问题的解决上,体现了组长的智慧。本来要求是询问一个美国的学生,然后解决这五个问题。但是郑晨亦说询问一下那个商店的工作人员不就行了吗?她们就去询问了售卖店里的两个英俊的小伙子。由于她们沟通很恰当,两个小伙子热情地帮她们解决问题,并且把每一题的答案都写在纸上。

为了解决问题,她们还询问了学校内接待新生的服务人员,询问了书店的女售货员,询问了在校园里行走的印度留学生,等等,她们解决了很多问题,最终获得了第一名。这个小组的三位同学学习态度端正,合作紧密,组长协调有力,很好地完成了任务,他们也在这个活动中锻炼了自己。

这种课堂组织形式也许是美国中小学教学的主要模式，但是这种模式也不是万能的，今天的这次活动也存在一定的问题。

第一，结果的使用上存在问题。结果出来以后并没有当众宣布结果，不能很好地起到奖优罚懒的效果。结果是检验教学效果的重要环节，不可忽视。要认真处理这个环节，这不但对于学生有好处，对于教师反思自己的教学设计和过程以便以后改正也是大有裨益的。

第二，在小组的组织上存在问题。小组的安排比较随意，以学生自己的组合为主，没有考虑学生的个性差异和思维特点，以致小组不在同一的起跑线上，小组的竞争缺乏可比性。

第三，教师的态度上也存在问题。可能是这种班级圣地亚哥大学的营地举行过多次，任课的教师也上过很多次这样的课，所以教师没有了激情，变得麻木了。所以布置好任务以后，教师就在树阴下面乘凉，等待学生归来，对于学生活动的整个过程缺少必要指导和监督。这也直接影响了活动的效果。

寻宝奇兵的活动设计有想法，有令我耳目一新的地方，但是这个“奇”字没有很好地体现，学生寻到的“宝物”也不够多。我想这个活动如果稍微做一下改动，也许会取得更好的效果。

美国人做什么事情都讲究精益求精，努力把事情做到极致，所以很多美国产品都风行世界，但是这件事却让我对于这一点有些怀疑了，是不是对于我们中国的游学团队他们才这样呢？我们自己也要反思一下。是否是我们粗线条的思维和行为方式让他们在教学上打折扣呢？我们先要改变，游学才有效果。

校园里的自助餐

学生在圣地亚哥大学寻宝的时候，校园内的一个露天自助餐活动正在紧张准备着。十一点五十分的时候，很多学生从教学楼里出来聚集在这里,开始他们的自助午餐。

从学生的年龄来看应该是成人,也许圣地亚哥大学也利用暑假对一些成人进行"继续教育",这个自助餐就是为他们准备的。

周围没有围栏,工作人员也不多,但是来这里就餐的人们都很讲秩序,活动简单、热闹、有序。

我们的午餐是在学校饭厅吃的,也是自助餐。在门口排队等待了二十分钟后,进入饭厅内。环境并不奢华,简单但是有氛围。薯条、汉堡、各种点心和蔬菜、各种饮料、各种水果,摆在那里,自己各取所需,各取所好。学生们吃得很嗨,尤其是他们这一代深受美国餐饮文化的影响,很喜欢吃汉堡、薯条,很喜欢喝饮料。他们也学着美国大胖子的样子,用一个很大的杯子,里面装满了冰,盛满可口可乐或者雪碧等,很潇洒地吃着薯条,喝着饮料。

我想如果这样下去,终究有一天,他们也会像美国的大胖子一样,大腹便便,步履蹒跚。

无聊的购物行

下午校方安排学生去购物,目的是满足他们购物的欲望,下面就可以安心上课了。

于是,大家在校方一位女教师的带领下,坐地铁来到了一个叫时尚山谷的购物广场。这个购物广场在一个山谷中,建筑的楼房都不高,一般都是两层,所以商场也分为上下两层。

街道石砖铺就,很整洁,每个店铺都收拾得整齐、干净,即使是街道中间的流动小店铺都极讲究,货物摆放整齐,经商者衣着整洁,举止得体。

化妆品、电子产品、耐克鞋在这里是比较便宜的,于是那些爱美的女生、男生就大方出手。我在这里转了半天,也没有找到自己要买的商品,两个半小时就白白浪费了,觉得很可惜。

陈炜斌同学买了一双耐克鞋，红颜色，造型新颖，一看标牌，上面写着：Made in China。他们还解释道：虽然是中国制造，但是质量肯定比中国的好。我不置可否，内心颇不以为然。

无聊的购物行，也让我有一点点收获，让我明白了郭敬明的《小时代》里那些人的生活状态和心理，也许购物和奢侈就是这些时代的弄潮儿的追求目标，如果没有这个目标，他们的生活就没有了方向，所以还是要定个向，也许购物也是一种生活的方式、生命的依托吧！

美丽的海滩

这里有一个岛，名字叫做科罗拉多。岛上有一片美丽的海滩，海滩的黄昏是这里的一道绚丽风景线。

吃了晚餐，梅尔女士带我们去那里。一路上，陈炜斌和梅尔不停地交谈，他自己感觉到口语还有一定的差距。确实，寄宿家庭为这些孩子的英语学习营造了良好的环境，让他们对自己的英语水平和努力方向有了清醒的认识。

车行了二十多分钟，经过一个很长的跨海大桥，来到科罗拉多岛上。棕榈树、美丽的小别墅、停在路边的轿车队伍、西天绚烂的云霞、在海滩上空盘旋的直升机，构成这个小岛的独特风景。

海岸线比较长，有五公里左右。夕阳即将落下，大海慢慢变成紫色，海边很多人在散步。天色渐渐暗了下来，只能看到海边的人的剪影，妈妈带着孩子，情侣手拉着手，老夫妻一前一后，浪花在脚下盛开。海滩上升起了近十轮圆月，远远看去，昏黄的月亮又大又圆，分外美丽，那其实是在海滩经商的人点亮的很大很圆的灯盏。

那边是一个小型的舞台，一个乐队在那里演奏，几个女歌手随着铿锵的节奏边跳边唱，周围的人也在随着节奏扭动身体。这边是一个售卖摆件的摊点，为了招揽游客，一个男子在玩着一条蟒蛇，那蛇挂在他的脖子上，缓慢扭动；一个女子，手臂上趴着一条小型的鳄鱼，一动不动，显得那么温顺。前边是一个露天酒吧，人们围坐在长长的柜台前的高脚椅上，品尝着美酒佳肴。后边是一个沙滩排球场，两个家庭还在打球。

夜色渐浓了，但是沙滩上的盛会刚刚开始。美丽的景色，浪漫的情怀，不知会不会再次上演威廉王子和他的恋人的故事。

听了一节英语课

——圣地亚哥大学第二天

有趣的分组

今天是学生们到达营地的第二天，上午就要分班，然后根据学生不同的英语水平上课。来到教学楼门口，校方的工作人员根据昨天的考试把三十五个同学分成了两组。一组叫蝴蝶组，一共有二十个人；一个叫海豚族，一共十五个人。这个分组肯定是根据学生昨天的考试情况确定下来的，但是他们没有公布成绩，也没有说哪个班是好班。虽然有学生追着问，但是老师们最终也没有说出来。

每个同学拿到了一个小纸片，上面印着蝴蝶或者海豚的图案，图案下面是姓名。这和国内把学生分成快班、慢班(或者叫 A 班、B 班)是不一样的，这样分班应该是很好地保护了学生的自尊心，充分体现了“因材施教”和“以人为本”的理念。另外，这个海豚和蝴蝶的标志也利于圣地亚哥大学的老师找到自己的学生。

自我介绍

我跟着海豚班的十五个学生进入了一楼的一间教室，教室内的桌子和国内的不一样，椅子和桌子是连在一起的。学生坐下之后，就开始上课了。

上课的教师是一位三十岁左右的男子，戴着一个蓝色的鸭舌帽，一副络腮胡子，个子高高的，大腹便便。

他上课不拘谨，很自然，才讲两句话，就坐在讲桌上面，进行了自我介绍，他的名字叫做艾力克。

上课的第一个环节就是自我介绍，他在黑板上写了两个问题：(1) What is your name? (2) Tell me 2 things about yourself. 这个环节用了近二十分钟的时间，因为他设计的这个环节与通常的操作不一样。通常教师会让学生们一个一个站起来介绍自己，而他却在学生自我介绍以后，把前面介绍过的所有学生姓名都重复一遍，也就是说，第一位自我介绍的同学的姓名将会被他重复十五遍，第二位被重复十四遍，第三位会被重复十三遍。这给人的感觉却并不是厌烦，学生也渐渐被他调动起来，和他一起一遍遍重复别人或者自己的姓名。学生介绍完以后，他又把学生认了一遍，当某个姓名有些遗忘的时候，同学想提醒他，他却说：Don't tell me. 最后他没有出现一点差错，同学们给了他热烈的掌声。

在和学生互相认识的过程中，他始终面带灿烂的笑容，自然而亲切，让学生觉得平易近人。

师生见面认识，是接触到一个新班的第一件事，师生之间、生生之间都是陌生的，这种方式使教师了解了学生，也使学生之间有了一个初步的了解。

继续自我介绍

这个环节结束以后，艾力克在黑板上写了四个问题，要求学生书面写出答案，然后让学生两两一组互相介绍对方。这四个问题是：

(1) What is your name?

(2) How old are you?

(3) What are your hobbies?

(4) What do you want to be when you grow up?

几组同学介绍以后，他发现学生在句式的使用上存在问题，就及时在黑板上写下相关的句式。

陈炜斌和郭楷泽在互相介绍对方的时候，出现了自我介绍环节的一个小高潮。陈炜斌故意将郭楷泽说成女性，说 Her name is GuoKaize. 下面的学生笑成一片，郭楷泽也打了陈炜斌两下。对于错误，艾力克及时纠正，但是并没有制止他们的打闹行为。

经过两轮的介绍，师生基本都认识了，也在交流之中形成了良好的氛围，为下面的教学环节做了很好的铺垫。

你说我猜

接下来是游戏环节，艾力克让学生按照一二、一二的顺序报数，然后要求报一的同学都集中在左边，报二的同学都坐在右面，这样就把全班十五个同学分成了两组。

接着就公布了比赛的规则：

(1) You can't say the word!

(2) You can't spell the word!

(3) ENGLISH ONLY!

(4) NO actions.

(5) NO drawing.

他还要求学生们给自己的组起一个名字，学生在这个时候充分发挥了自己的恶搞才能，七嘴八舌谈论起来。右面的小组郭树红、汪珅特别活跃，自命名为 Dopey，学生们一阵哄笑，因为这个名字的谐音含义不太好，但是艾力克还是郑重其事地写上了。左面的小组陈炜斌特别活跃，笑个不停，最后这个小组自我命名为：HA ha ha!! Little fat!(哈哈哈，小胖组。)

比赛开始了，两组各派一个代表到前面来，背对着黑板，艾力克在黑板上写上单词，每个小组的其他成员就用英语解说或者做动作，让小组的代表猜对黑板上写的单词。

比赛十分激烈，每组的每一个代表竞猜三轮就要下去换新的代表。单词一写出来，本小组的同学就口、手、脚动个不停，而猜的同学往往一脸迷惘。急得本组的同学又蹦又跳,如果是本组猜了出来,本小组就一片欢呼。

在每一组竞猜进行的过程中,不准说中文,否则就给对方小组加一分。在第一轮比赛中,HA ha ha!! Little fat! 小组发挥得比较好,他们每猜对一个单词,小组成员就 HA HA HA,大笑一番!整个课堂充满了笑声! HA ha ha!! Little fat! 小组彭盛洪同学英语基础可能不是太好,在昨天的寻宝奇兵活动中成绩不理想,但是今天的比赛他发挥得特别好,他一猜出一个单词,就放声大笑,还做出很夸张的动作,拍自己的大腿。这样课堂气氛就到了高潮!

艾力克写的单词涉及各个方面,吃穿住行用,动物、植物、寄宿等等,基本上都是生活中经常用到的单词。他这样就把生活引进了课堂,把课堂延伸到生活中去了。

在第一轮比赛中,HA ha ha!! Little fat! 小组以 17∶11,大获全胜。但是 Dopey 也不甘落后,在第二轮比赛里巧妙地排兵布阵。这一小组的智囊和军师是汪珅,他让自己小组的单词拥有量少一点的同学和对方最厉害的同学对抗,让中等实力的对阵对方实力最弱的,让自己实力最强的对阵对方实力中等的,最后获得第二轮比赛的胜利。

时间在不知不觉中已经过去一个半小时了,学生还十分兴奋,全身心地投入到活动当中去。

艾力克的这节课充分展现了他驾驭课堂的能力,充分体现了教师为主导、学生为主体的教学理念,课堂活而不乱。教师几乎隐藏在了活动的背后,课堂的主体充分地凸显了出来。学生在课堂上动口、动手、动脑,积极主动地参与到课堂活动中去,充分锻炼了学生的合作、思维、语言交流等能力。其实语言教学没有其他捷径,就是让学生去记忆和交流,让学生去实践——在语言实践中学习语言。这节课充分地做到了这一点。

小组合作的课堂组织形式很不错，也很灵活，可以是两个人一组，也可以是六七个人一组，最主要的是设计和安排使小组的存在有了意义，小组也形成了合力。

这节课有嚼头，特记录下来以后慢慢品味。

附记：7月31日是王乙楠同学的生日，他的舅舅从圣何塞过来，和全班同学一起给他过了一个简单而隆重的生日。

拥抱宁静和感受繁华

心向往之

去往西点军校的路上，我一直在欣赏路旁的风景。路旁树木繁茂，绿草茵茵，格局一致的三层白色或灰色小楼看起来是那样舒服。这里的地面要么是硬化了，要么是绿化了，很少有裸露的泥土地面。所以纤尘不起，整个天地是透明的。

那些树木我很熟悉，是典型的北方树木，有白杨树、椿树、榆树等等，我有一种又回到老家的感觉，因为我的老家多的也是这些树。尤其是那些树林间的草坪以及通向树林深处的曲折小路，能够在时空上给我特别深沉的联想。

西点军校是世界四大军校之一，美国很多名将都出自这里，我就想考一考学生们。我问：大家知道西点出了很多名将，能说出一两个吗？一个女生就不假思索，大声喊道：希特勒。几个男生立即反对，希特勒是纳粹德国的元首，是法西斯。女生红了脸。

大家就七嘴八舌地讨论了起来，西点军校出的名将有：巴顿、潘兴、艾森豪威尔、格兰特、麦克阿瑟等等。听说西点军校还树立了一个中国人的塑像，那就是雷锋，不知是否是真的，到时候可以找一下。

拥抱宁静

这里没有威武的阅兵仪式，没有整齐的训练口号，更没有硝烟、炮火和鲜血，这里只有蓝天、白云、草坪、河流、池塘、七月热烈的阳光以及和环境相契合的建筑。这里是宁静的，那些来到这里参观的旅游团也无法破坏这里的宁静，他们仿佛也被这里的宁静感染，说话都是小心翼翼的。

也许宁静是一个军人最基本的素质，甚至可以说是军人最重要的性格，宁静可以致远，宁静可以使军人泰山崩于前也不变色。这里的宁静决定了硝烟弥漫的战争的走向，决定了一个人、一个国家、一个民族的命运。

导游是一个很酷的美国年轻小伙，墨镜、T 恤、七分裤、运动鞋，美国的历史、西点的典故他娓娓道来。于是，南北战争的硝烟、第二次世界大战的激烈、西点军校的热闹和辉煌，随着景点一一展开，生动又丰满。

站在一片草坡上，向远处眺望，两座青山对峙，一条河流从两山之间奔腾着向我们涌来，这条河就是哈德逊河。三只苍鹰在湍急的河流上盘旋，时远时近，时高时低，一会儿中流击水，一会儿搏击苍天。一声长长的呼啸，苍鹰的身姿消失在远处，苍天依旧悠然，青山依旧巍峨。

想当年，美国的开国者华盛顿等人，在这个险要的地势上建造工事，狙击大英帝国军队的进攻，是何等的气度和胆量。伟人已逝，山河为证，一个年轻而富强的国家就是因为他们而有了这样一个鲜亮而壮观的起点。

雷锋的塑像我没有找到，但是依然找到了非常可贵的东西——荣誉、责任、国家，还有这无比强大的宁静。

感受繁华

在离西点军校开车两个小时、约八十公里的纽约，在华尔街上演着最繁华的场景。

我们一起来到美国第一任总统华盛顿就职的地方，周围都是摩天大楼，皆作挺立状，它们唯恐自己落后，一座更比一座高，然后它们就以俯视的眼光看着街道上熙熙攘攘的人群和川流不息的车流。

美国第一任总统华盛顿的塑像耸立在高台上,通向塑像的台阶有几十级。阳光穿过楼群,照在塑像之上,簇拥在塑像前留影的人们一拨接着一拨,没有停息。

华盛顿很宁静,也很幸福,他静静地看着脚下的行人,内心充实而丰盈。左右两边的台阶上都坐了不少人,很多是在休憩。在华盛顿的左边,一个金发碧眼的姑娘,弹着一个小小的吉他,十分投入地唱着歌,她的脚下放着一个杯子。姑娘并没有看杯子,她眼光内敛,全身心专注在自己的弹唱上。她也许不是在请求帮助,而是在用专心获得一些赞赏,而这些赞赏不是用金钱来衡量的。我不知道那个纸杯子里有没有钱币,但是我敢肯定,那里面一定盛满了华盛顿欣赏的目光。

离开这里,转过几个街角,来到一条"丫"字街的交接点上,那里一头青铜铸造的体积巨大的黄牛,以顶起一切的姿势,立在街道的中央。它不看天空和高楼,不看世人和车辆,它只是低着头使出全力,顶起了整个华尔街的牛市。

一群人把这头牛围了个里外三层,争着和牛合影,以便各个方面都很牛。牛头是争抢的重点,抢不到头的干脆就去抢牛的屁股,一个美国男青年干脆坐在牛屁股的下面,还摸着牛的关键部位,摆个 pose,照了一个相。这真是人家摸头我摸腚,部位不同效果佳。

应旅行团成员的要求,最后大家来到第五大道的一个国际性大商场购物。这个商场一共七层,吃喝玩乐、衣食住行,各种商品,应有尽有,琳琅满目不足以喻其全;人来车往,人头攒动,人语嘈杂,摩肩接踵不足以喻其多。孩子们施展个人的技艺,购置了各种商品,有些孩子过于投入,以至于忘了集队的时间。

回去的时候,经过时代广场。林立的高楼间,灯火通明。闪烁的霓虹灯,字幕游动很快的大屏幕,涌动的人群车流,和新年晚上的气氛毫无二致。

回到旅馆已经是晚上九点多了,身体疲累,感受充实,表里合一,就像今天游历的西点军校和华尔街。

我想可能就是因为如此深入美国性格的宁静才撑起影响整个世界的繁华。

奇妙的3D电影

观众还不多,我跟着人流进入影院,首先进入的是一条长长的走廊,被装修成飞船里的样子,墙都是钢铁的,上面有不少按钮,还有一些红色的灯转动着,发出警报的声音。走廊的上方和许多墙面上装有电视,电视时而呈现汽车人和霸天虎的徽标,时而呈现作战指挥室的情形。向前走,转过一个弯,继续向前,进入一个狭小的圆形房间,房间的中央有一个从上悬下的透明柱子,一直连到地上,柱子中间固定着能量体的残片,从这个小房间继续向前走,再转过一个弯,再向前二三十米,就到了一个较大的房间,房间里有不少工作人员,而在他们的身后是停放在轨道上的几辆过山车。

我们在工作人员的指导下,在过山车上坐好并扣上了安全带,然后戴上3D眼镜。几声警报响过,过山车缓缓进入变形金刚的情节。

密集的子弹打在我右面的墙上,过山车一转,在左面出现了高楼大厦,人类的部队正在和机器狗作战,抢夺装能量体残片的玻璃小管子,小管子在抢夺中被扔到了空中,落在了我的眼前,说时迟那时快,机器狗一口咬住了小管子。它的嘴就在我眼前,钢牙闪烁着凶狠的光芒,面目狰狞。

惊魂未定,过山车向右转,我们进入了一个街战的现实场景。大黄蜂和一个霸天虎大战,枪声、尖叫声,一转瞬大黄蜂把霸天虎的头拧了下来,丢在地上,发出咣当当的声音。

再向左前行进,威震天和擎天柱激烈打斗,一会儿擎天柱被打到,一会儿威震天被打倒。威震天倒地就倒在我的面前,它凶狠地对我说着什么,然后起身继续作战。擎天柱在作战中转到了我们这一面,威震天向擎天柱发射了一颗导弹，直接向我的面部飞来，我很清晰地看到导弹旋转着直奔我的面门而来，我和一车的人都发出尖叫。导弹就在我们面前爆炸，一阵热浪扑面而来，我心中想我命休矣！但是热浪把我们推入了另一个隧道，一个长长的时光隧道，时光飞快向后倒退，一车的人又发出濒死状态的惊叫。

时光隧道走完，我们惊讶地发现自己在一个高楼的顶端，楼下是霸天虎组成的大力金刚，它转动着大嘴要把我们吞没，眼看就到嘴边，我们突然飞翔起来，震荡波的钢铁蠕虫的大嘴把我们吸了进去，很多齿轮转动着，蠕虫的钢铁牙齿就要把我们啮噬。惊叫声持续不断，突然蠕虫的嘴被击中，那是擎天柱在进攻，我们终于可以虫口脱险了。

接着就降落在纽约的街道，化身为大黄蜂和霸天虎作战。战斗很激烈，街道上的汽车被炸弹炸飞，从我们的头顶掠过，最后大黄蜂赢了，他兴奋地播放音乐，跳起舞来。心情还没有平静下来，我们突然又被红蜘蛛拉上了高空，坐在一架直升机中，一枚导弹击中了我们，我们极速下降，全身失重，飞机撞在地上，发生爆炸，发出巨大响声，火光冲天而起，眼看我们就要被摔死，大黄蜂飞奔而来，在下面接住了我们。

到这时，电影才进入尾声，过山车转过一个弯，擎天柱来到我们面前，一段诚挚的告白后，我们离开了这个奇妙的电影厅。

过山车、3D 电影、洞穴式的放映厅、许多块特殊的荧幕组合起来，把我变形的梦想变成现实，惊险、刺激，回味无穷。

奇妙的音乐喷泉

只有想不到的，没有做不到的，今天的经历又一次证明了这种说法。

音乐喷泉的表演是二十一点四十五分开始，在此之前，喷泉池旁站满了观景的人。池塘很大，周长应该有两三千米。我们站的位置处于摩天轮的斜对面，摩天轮的中间是米老鼠的画像，周围是线状的霓虹灯，从内向外逐次闪烁，好像米老鼠放射出万丈光芒。

我的左边不远处还有一座桥横跨在池塘上，桥上面也已经站满了人。我右面和后面以及前面的接近水面的平台上也是人山人海，很多工作人员在维持秩序。

二十一点四十五分，一个浑厚的男声宣布音乐喷泉表演开始。音乐响起，几柱喷泉喷涌而出，随着底部光芒的变化，变化出紫色、黄色、粉色等各种颜色，而且那些水柱随着音乐的节奏变换着形态：一会儿冲向天空，是五颜六色的宝剑；一会儿，扭动着腰肢，是姿态婀娜的舞女；一会儿音乐舒缓，只有几柱在翩翩起舞；一会儿音乐震撼，各种音乐一起发出，万千水柱，色彩斑斓，冲向天宇，时高时低，时左时右。

音乐变幻，万千水柱保持相同的高度，形成一个巨大的水幕，上面出现了迪士尼经典动漫的画面。两条鱼出现了，这是《海底总动员》，小丑鱼和它的朋友在交谈；瓦力出现了，两个机器人在演绎动人的爱情故事；《狮子王》的音乐响起，辛巴被猩猩高高举起，镜头转换，辛巴叫着爸爸，狮子父子之间演绎着真挚亲情……白雪公主、冰雪奇缘等等，等等。在水幕上，那些形象不太清晰，但是在水汽的笼罩、霓虹灯的照耀下，有一种神秘的气氛，营造了和童话世界十分契合的氛围。这是孩子的童话世界，也是成人的童话世界，大家都在这个亦真亦幻的世界里沉醉了,忘记了时间。

突然水幕消失,高处的水雾氤氲着,变成绚丽的彩霞,紫的、红的、粉的、黄的;在你还没有捕捉到它的形状的时候,那些水雾又变成了极光,出现在你的跟前,你会感觉到一团迷离的凉意,伸出手挽留时,它已经倏忽不见。喷泉池后面过山车的跑道的灯光也闪烁着,中间跑道形成的圆,也成了一个屏幕,或者说是一个宝镜,一会儿游出一条鱼,一会儿奔出一只鹿,一会儿飞出一只鹦鹉……

音乐在舒缓了一会儿之后,突然又激越起来。万千绚烂多彩的水柱喷向天空,也把清凉的水雾洒向岸边,弄湿了观众的衣服。色彩变幻万千,令人不敢瞬目,唯恐错过更加精彩的画面。水雾氤氲,水光激射,和烟花毫无二致,但是比烟花更奇特。音乐到了高潮,突然水池中发出"砰砰砰"的巨大响声,近水的观众感到阵阵热浪扑面而来。水池中喷出的不再是水柱,而是巨大的火焰,火焰喷射很高,给人超过了摩天轮的感觉。这是水与火的巧妙融和,是清凉和火热的完美组接,冰火两重天,冰火结奇缘。"银瓶乍破水浆迸,铁骑突出刀枪鸣"之后,"东船西舫悄无言,唯见江心秋月白"。岸上、桥上沉寂一会儿后,爆发出热烈的掌声。

热情过去,表演也接近尾声,所有的水柱只有一人之高,呈现紫色、黄色,随着音乐翩翩起舞,时高时低。有不少游人依依不舍,不愿离去,在水池边徜徉或者留影。

音乐喷泉的表演前后一共半个小时,但是能工巧匠为此一定付出了巨大的心血。现代高科技将声、光、电、水、火巧妙融和,让我们这个时代的人有幸能看到这样的表演,觉得此生也不虚此行了。

我的语言十分拙劣,即使有李白的生花妙笔,也无法表现音乐喷泉魅力的十分之一,真是十分遗憾。

诗意的高科技,高科技诗意啊!